JN125620

IFRS対応

はじめて学ぶ
国際会計論

|第**3**版|

池田 健一 著

同文舘出版

序　文

　本書は，はじめて国際会計論を学ぶ人を主な対象としています。一般に，国際会計論は，会計学の領域では学際的かつ応用的な科目であると考えられており，簿記や財務会計や経営分析などの会計科目をひととおり学習してから，さらに発展的な課題として取り組む科目であると世間では位置づけられているように思います。また，筆者も同じような印象をもっていました。

　しかし，福岡大学商学部における筆者の講義には，１年次生向けに開講されている簿記原理（簿記入門）や会計学総論を学習した直後の学生や，場合によっては，簿記も十分に学習しないままの状態で受講する学生が毎年，一定数存在していました。その一方で，在学中に会計士試験や税理士試験などを受験しようとする学習の進んだ学生も，それと同じくらいいます。

　そこで講義のなかでは，受講者の状況をみながら基礎的な内容から応用的な内容まで幅広い課題を用意して，それらを順次取り上げて，学習を進めることによって，受講者にとって少しでも役に立つよう心がけてきました。そのうち，今回は，国際会計論をはじめて学ぶ人を対象に，講義の内容のうち，特に基本的な部分を中心にテキストとしてとりまとめました。また，2018年度から福岡大学商学部のカリキュラム改訂の関係で国際会計論もこれまでの通年30回分の講義（実際は前期15回と後期15回のそれぞれ半年ごとの講義）から半年15回の講義に再編されたこともあり，テキストで取り扱うテーマも絞っています。

　周知のとおり，2000年以降，「会計ビッグバン」とも称され，特に財務会計の分野では，新しい会計基準の新設や従来の会計基準の改訂に伴って，学習内容の変更が毎年頻繁に行われており，筆者も講義やゼミを担当する際に，それらへの対応に毎年迫られていました。そして，筆者が担当している国際会計論についても，毎年，学習内容の検討と何らかの手直しが必要な状態が続いています。

　そのようななか，2014年頃に本書執筆のお話をいただきました。いったん

はお引き受けしたものの，筆者の在外研究や，両親の病気治療など，さまざまな困難な事情が重なり，遅々として原稿の作成が進まない状況が続いていました。しかしこの間，同文舘出版の編集部のみなさまには温かく対応していただき，本書の執筆についてたいへんお世話になりました。ここに記して心より御礼申し上げます。

2018（平成30）年3月

池田　健一

第3版　序　文

　第2版の出版後も引き続き国際会計論の受講者をはじめ多くのみなさまに本書をお使いいただき厚く御礼申し上げます。

　前回の改訂から2年になりますが，内容を大幅に追加・修正した第3版を出版させていただくことになりました。

　同文舘出版の編集部のみなさまにはお忙しいなか，たいへんお世話になりました。ここに記して心より御礼申し上げます。

2024（令和6）年3月

池田　健一

本書の特徴

1．本書の読者対象として，商学部，経済学部，経営学部ではじめて国際会計を学習しようとする学生や，法学部や国際関係の学部などで一般教養として国際会計を学ぶためのテキストをめざしています。

　また，これからIFRS（国際財務報告基準）について学ぼうとする社会人や，それらの基礎的な内容を復習したい実務家にも適しています。

2．この本では，国際会計論のうち，IFRS（国際財務報告基準）を取り上げ，いくつかのテーマについて説明しています。これは近年，日本の会計基準がIFRSの影響を強く受けてコンバージェンスが進展していることを念頭においています。

3．各テーマについて，基本的な内容を中心に，これだけは最低限読んでおいてほしいと考える分量に絞って学習内容をコンパクトにまとめています。なお，改訂に伴い，一部，応用的な内容も含めています。

4．各章末に確認問題を設け，その解答も示しています。

5．各章末に発展課題をおいて，主に学習の進んでいる読者が主体的に学習に取り組めるようにしています。

6．発展学習や応用問題，ケーススタディ，ディスカッションポイントを一部の章に設けています。このうち応用問題とケーススタディには解答も示しています。

本書の学習上の留意事項

　本書の各章の構成はおおむね次のようになっています。

(1) 各章のはじめの部分に各章のテーマに関する説明が簡潔に示されています。この部分を読んで，テーマの意味をよく理解してください。

(2) 各章の本文は，各テーマの基本的な内容のうち，最小限，理解してもらいたい事項を中心に，一部，応用的な内容も含めています。
無理のない範囲でひととおり読んでください。
　なお，はじめて学習されるかたは，難しいと思われるところはいったんおいておき，学習が進んできてから再度取り組んでください。

(3) いくつかの章では設例をおいています。仕訳を考えてみましょう。

(4) 各章の確認問題を自ら解いて，解答とチェックすることで各章のポイントを理解するのに役立ててください。間違えた場合は，再度，各章の該当箇所を読み直してください。

(5) 学習の進んでいるかたは各章の発展課題にも取り組んでより高度な学習を行ってください。

(6) 一部の章には発展学習や応用問題，ケーススタディ，ディスカッションポイントがあります。みなさんの学習の進捗状況に合わせて積極的に取り組みましょう。
　なお，はじめて学習されるかたは，いったんおいておき，学習が進んできてから取り組むようにしましょう。

目　次

第4章　財務諸表の表示（IAS1）　　39

第5章　たな卸資産（IAS2）　57

第6章　キャッシュ・フロー計算書（IAS7）　67

第7章　法人所得税（IAS12）　79

第**8**章　有形固定資産（IAS16）　　　95

第11章　顧客との契約から生じる収益（IFRS15） 149

IFRS対応

はじめて学ぶ国際会計論

（第3版）

第**1**章

国際会計論概説

✏️**事前学習**（この章の学習をする前に取り組んでみましょう）

[問1] 国際会計とは，どのような会計かまとめてみよう。

_____

_____

[問2] 日本の財務会計と国際会計のちがいをまとめてみよう。

_____

_____

_____

_____

　国際会計とは，国境を越えて営まれる企業の経済活動を測定し，その情報をそれらの活動に関心をもつ人々に伝達する会計をいいます（国際会計研究学会を創設された染谷恭次郎先生の定義）。

　国際会計の研究は1960年代に入ってからさかんに行われるようになった比較的新しい学問分野であるとされます。その背景として次のような要因があげられています。
　「近年，営業活動や資本調達活動の一部を海外で行う企業が増加している。また生産，販売，財務など，そのすべての活動を2ヵ国以上にまたがって営む，いわゆる国際企業も急速に発展している。このため，これまで国という殻のなかで発展してきた企業会計も，その殻を破って国際的に大きく飛躍している[1][2]。」

　このような企業活動のグローバル化は，その後も一層進展する傾向を顕著に示しています。たとえば，近年，グローバルに事業展開を行う大企業の経済力は，中堅規模の国家のGDPを上回るようになっているといわれており，2019年のウォルマートの売上高は世界のGDPランキング27位のナイジェリアを上回っています。また，2019年のトヨタの売上高は世界のGDPランキング46位のフィンランドを上回っています。
　さらに近年では，アメリカのGAFAM（グーグル，アップル，フェイスブック，アマゾン，マイクロソフト）に代表されるような世界の多国籍企業の

---

(1)　染谷恭次郎（1997）「国際会計」神戸大学会計学研究室編『第五版 会計学辞典（改訂増補版）』同文舘出版，452頁。
(2)　国際企業とは，（発行された株式や社債が数ヵ国の証券市場において取引される）2つ以上の国において所有され，管理される企業であると定義されています。このような国際企業は，国際的事業活動を行っている国内企業とは異なるとされます（Mueller［1967］）。

経済力が顕著に高まってきており，世界で共通に適用される国際的な会計ルールを整備する必要性が高まっていると考えられます⁽³⁾。

2020年に世界の多くの国で新型コロナウイルスの感染が拡大し，世界経済に大きな打撃を与えました。2021年に入り，世界各国でワクチンの接種が進められており，経済活動の回復に向けた取り組みが進められつつあります。

2022年後半からはAI（Artificial Intelligence：人工知能）が注目されるようになり，さまざまなビジネス分野で実用化が始まっているとされます。

みなさんがこれまでに学習されてきた財務会計と国際会計の大きな違いとして次のような点があげられます⁽⁴⁾。まず，財務会計は測定尺度としてある特定の国の通貨単位の使用（日本企業の場合は円）を前提としています。一方，国際会計では国ごとに異なる複数の通貨単位の使用（ドル，ユーロ，元など）が前提になっています。

次に，財務会計はある特定の国の会計問題（日本の場合は日本の会計問題）に方向づけられています。一方，国際会計は多かれ少なかれ会計基準が異なる複数国にまたがる会計問題に焦点が合わされています。

国際会計論に含まれる特に重要な論点としては，たとえば，連結会計，外貨換算会計，企業結合会計などがあげられています。

2 国際財務報告基準(IFRS)とは

国際財務報告基準（International Financial Reporting Standards：IFRS）とは，国際会計基準審議会（IASB）が作成する会計基準をいい，**IFRS会計基準**とよばれることもあります。国際会計基準審議会（IASB）は，国際財務報告基準（IFRS），公開草案，解釈指針の承認を行う基準設定主体であり，審議会のメンバーは原則として14名で構成されています。なお，公

---

(3) フェイスブックは社名をメタに変更した。
(4) 前掲（1）。

開草案や新しい国際財務報告基準（IFRS）の決定には，9名以上の賛成が必要とされています。

IFRS財団の調査によると，調査対象の166ヵ国中，157ヵ国が国際財務報告基準（IFRS）を要求または容認しているとされます[5]。

国際財務報告基準（IFRS）は2021年1月現在，以下の基準から構成されています。テーマごとに会計基準が設定されていることから，ピース・ミール・アプローチといわれることがあります。

ここで会計基準を設定するプロセスは，①議題の決定（Agenda setting），②リサーチ・プロジェクト，③基準設定プロジェクト，④適用後レビュー（PIRs）からなります。

①は，議題が5年ごとに技術的な作業計画について議論のうえで決まります。②は，会計上の問題を評価し，解決策を出すためにリサーチが行われ，会計基準の設定が必要かどうか決定します。そして，討議資料（ディスカッション・ペーパー）が公表されます。③は，公開草案（エクスポージャー・ドラフト）が公表され，会計基準化するか（または修正か）について公開草案のフィードバックが審議会で議論されます。④は，IFRS適用後，2年ごとにレビューが行われ，新基準の投資家，作成者，監査人への影響が評価されます。

IASBが公表する会計基準は，国際財務報告基準（International Financial Reporting Standards：IFRS）とよばれます。国際会計基準（IAS）は国際財務報告基準（IFRS）に含まれます。

Ball（2016）は，IFRSの特徴として，①法的形式よりも経済的実質を反映する。②経済的利得と損失をタイムリーに反映する。③収益をより有益にする。④バランスシートをより有益にする。⑤引当金の計上，利益平準化などの経営者の裁量を防止するをあげ，これにより当期の業績の透明性と比較可能性が高まると述べています。

---

(5) IFRSホームページ〈http://www.ifrs.org〉（2019年4月閲覧）。

国際会計基準（IAS）一覧

IAS号数	会計基準名
IAS1	財務諸表の表示（Presentation of Financial statements）
IAS2	たな卸資産（Inventories）
IAS7	キャッシュ・フロー計算書（Statement of Cash Flows）
IAS8	会計方針，会計上の見積りの変更および誤謬（Accounting Policies,Changes in Accounting Estimates and Errors）
IAS10	後発事象（Events After the Reporting Period）
IAS12	法人所得税（Income Taxes）
IAS16	有形固定資産（Property,Plant and Equipment）
IAS19	従業員給付（Employee Benefits）
IAS20	政府補助金の会計処理と政府援助の開示（Accounting for Government Grants and Disclosure of Government Assistance）
IAS21	外国為替レート変動の影響（The Effects of Changes in Foreign Exchange Rates）
IAS23	借入コスト（Borrowing Costs）
IAS24	関連当事者についての開示（Related Party Disclosures）
IAS26	退職給付制度の会計および報告（Accounting and Reporting by Retirement Benefit Plans）
IAS27	個別財務諸表（Separate Financial Statements）
IAS28	関連会社および共同支配企業に対する投資（Investments in Associates and Joint Ventures）
IAS29	超インフレ経済下における財務報告（Financial Reporting in Hyperinflationary Economies）
IAS32	金融商品：表示（Financial Instruments: Presentation）
IAS33	１株当たり利益（Earnings per Share）
IAS34	期中財務報告（Interim Financial Reporting）
IAS36	資産の減損（Impairment of Assets）
IAS37	引当金，偶発負債および偶発資産（Provisions,Contingent Liabilities and Contingent Assets）
IAS38	無形資産（Intangible Assets）
IAS40	投資不動産（Investment Property）
IAS41	農業（Agriculture）

国際財務報告基準（IFRS）一覧

IFRS号数	会計基準名
IFRS1	国際財務報告基準の初度適用（First-time Adoption of International Financial Reporting Standards）
IFRS2	株式に基づく報酬（Share-based Payment）
IFRS3	企業結合（Business Combination）
IFRS5	売却目的で保有する非流動資産および非継続事業（Non-current Assets Held for Sale and Discontinued Operations）
IFRS6	鉱物資源の探査および評価（Exploration for and Evaluation of Mineral Resources）
IFRS7	金融商品：開示（Financial Instruments: Disclosures）
IFRS8	事業セグメント（Operating Segments）
IFRS9	金融商品（Financial Instruments）
IFRS10	連結財務諸表（Consolidated Financial Statements）
IFRS11	共同支配の取決め（Joint Arrangements）
IFRS12	他の企業への関与の開示（Disclosure of Interests in Other Entities）
IFRS13	公正価値測定（Fair Value Measurement）
IFRS14	規制繰延勘定（Regulatory Deferral Accounts）
IFRS15	顧客との契約から生じる収益（Revenue from Contracts with Customers）
IFRS16	リース（Leases）
IFRS17	保険契約（Insurance Contracts）

　国際財務報告基準（IFRS）のようなグローバルな会計基準のメリットとして，Barth（2006）は，①グローバルな資本市場の機能を高める，②情報処理費用の削減により財務諸表の比較可能性が高まる，③多くの国で会計情報の品質が高まる，④特に多国籍企業で財務諸表の作成費用が減少する，⑤資本コストと情報リスクが減少する点をあげています。

　また，Barth（2009）は，①ディスクロージャー（情報開示）と財務諸表の透明性の改善は資本コストを引き下げる，②会計基準のグローバルな調和化は資本市場にプラスの効果をもたらしている，③投資者はEUのIFRS採用をポジティブに受け止めている，④多くの国で現地の会計基準よりIASの方が品質が高く，アメリカ基準に対しても比較可能性が高い，⑤会計基準のグローバル化によりアメリカ基準との比較可能性が高まっている，⑥グローバ

ルな会計基準は必要であるが十分ではない，⑦会計基準の品質は経営者や監
査人のインセンティブに依存する，⑧文化は一定ではなくゆっくり変化する
ことがこれまでの研究から明らかにされたとしています。

3 国際会計基準審議会(IASB)のあゆみ

それでは，国際会計基準審議会（IASB）の前身の国際会計基準委員会
（IASC）が設立されてから，現在までの主な略歴をみていきましょう。

年	主な出来事
1973年	IASC（国際会計基準委員会）が9ヵ国の会計士団体により設立される。設立時にイギリス（およびアイルランド），アメリカ，オーストラリア，日本，カナダ，フランス，西ドイツ，オランダ，メキシコの会計士が参加しており，日本も当初からメンバーに加わっていた。
1975年	「国際会計基準に関する趣意書」公表，IAS 1「会計方針の開示」公表。
1977年	IFAC（Interational Federation of Accountants：国際会計士連盟）設立。
1986年	この年までに25の基準書が公表された。ただし，当時は公表された国際会計基準（IAS）に強制力がないこともあり，ほとんど注目されていなかったとされる。
1987年	財務諸表の比較可能性プロジェクト（Comparability project）が開始され，IOSCO（証券監督者国際機構）が同プロジェクトに参加した。
1989年	公開草案第32号「財務諸表の比較可能性（E32）」公表。また概念フレームワーク（Framework for the Preparation and Presentation of Financial Statements）も公表された。
1995年	コア・スタンダードの完成を条件にIASの承認を検討する方針でIOSCOとIASCが合意した。
1997年	SIC（解釈指針委員会）設置。その後，IFRIC（解釈指針委員会）を経て，2010年からはIFRS Interpretation Committee（国際財務報告基準解釈指針委員会）と名称変更している。
2000年	5月17日，IOSCOがIASをグローバルスタンダードとして承認した。
2001年	1月25日，IASB（国際会計基準審議会）が発足。
2002年	EU（ヨーロッパ連合）が2005年からIFRS（IAS）に基づく連結財務諸表の作成を欧州の上場企業に強制する決定を7月に行った。その後，9月18日，「ノーウォーク合意」（国際会計基準とアメリカ会計基準の統合化に向けた合意）がなされた。
2004年	CESR（欧州証券規制当局委員会）による会計基準の同等性評価が開始（6月）。

2005年	カナダ会計基準審議会（AcSB）がカナダの会計基準の将来の方向性に関する戦略の公開草案を公表（3月）。SEC（アメリカ証券取引委員会）が2009年までにIFRSを利用する外国企業に対するアメリカ基準への調整措置を解消するための目標を示した「ロードマップ」を公表（4月）（図表1-1）。
2006年	FASB（財務会計基準審議会）とIASBは2008年までに会計基準の統合化を完成すべき事項に合意し、MOU（Memorandum of Understanding）という形で公表（2月）。 　わが国の企業会計基準委員会（ASBJ）は、「我が国会計基準の開発に関するプロジェクト計画について―EUによる同等性評価等を視野に入れたコンバージェンスへの取組み―」を公表。ここでは2008年上旬までに26項目の差異を解消するプロジェクト計画表が示されている（10月）（図表1-2）。
2007年	SEC（アメリカ証券取引委員会）は、2007年11月16日以降に終了する事業年度から、外国企業に対してIASBが公表するIFRSに基づき作成した財務諸表を米国基準への差異調整表なしで受け入れる決定を行った（12月）。 　わが国の企業会計基準委員会とIASBは、東京合意を締結した（8月）。 その内容は、①2008年までに短期コンバージェンス・プロジェクトの完了（2006年10月に公表されたプロジェクト計画表に示されたプロジェクトを2008年までに完成させること）、②2011年6月30日という目標期日の設定等からなる（日本基準とIFRSの差異のうち、①に含まれず、2011年6月30日までに適用される会計基準に関連する項目の差異について、コンバージェンスを行う）。 　CESR（欧州証券規制当局委員会）は12月18日、「中国、日本、アメリカの会計基準の同等性に関するCESRの助言案」を公表。助言案は、アメリカ基準については同等と評価すべきとし、日本基準についても東京合意で提示された目標に向けて予定表どおりに対応していないことを示す適切な証拠がない限り、同等と考えるべきであるとした。一方、中国基準については同等性評価を当面延期するよう勧告している（その後、2012年3月に同等であると認められている）。
2008年	EC（欧州委員会）は、12月12日に日本基準がEUで採用されているIFRSと同等であるとの決定を行った。 →これにより、2009年以降もEU域内市場で日本企業は日本基準の財務諸表を用いて証券の公募や上場が可能となった。
2009年	わが国の企業会計審議会は、6月に「我が国における国際会計基準の取扱いについて（中間報告）」を公表。上場企業に、①2010年3月期からIFRSの任意適用と②2015年（または2016年）からの強制適用（アドプション）（その決定は2012年に行う）を内容とするロードマップを示した。
2010年	2月にアメリカのSECのステートメントは、"Incorporate IFRS into the US Financial reporting system."であった。アメリカは単一の高品質でグローバルな会計基準をサポートすることを表明しており、2011年にIFRSへの移行の決定が行われる予定とされた。なお、移行には4〜5年を要すると考えられる。
2011年	アメリカのSECはIFRS適用の最終判断を見送る決定をした（12月）。
2012年	アメリカはSECスタッフの最終報告書を公表した（7月）がIFRS組込の提案は含まれておらず（2013年に判断を延期）その後もIFRSを強制適用する動きはない。
2013年	会計基準アドバイザリーフォーラム（ASAF）を設置。

2015年	わが国の会計基準委員会（ASBJ）は，2014年7月に公表していた公開草案「修正国際基準」（JMIS）を2015年6月に正式に承認した。
2017年	IFRS17「保険契約」が公表された。
2018年	概念フレームワークが大幅に改訂され公表された。
2019年	IFRS16「リース」が適用開始された。
2021年	IASBの新しい議長にアンドレアス・バーコウ氏が就任した。 IFRS財団は，11月にサステナビリティに関する国際的な報告基準を策定する基準設定主体である国際サステナビリティ基準審議会（ISSB）の設置を公表した。
2022年	FASBは6月に，のれんの償却を再導入するプロジェクトをテクニカル・アジェンダから除外することを決定した。IASBは11月に，のれんの償却の再導入をこれ以上検討しないことを決定した。
2023年	国際サステナビリティ基準審議会（ISSB）が6月にIFRS S1号およびIFRS S2号を公表した。日本のSSBJはIFRS S1号とIFRS S2号に相当する基準の開発を遅くとも2025年3月を目標に開始した。

　Ball（2016）は，IFRSがEU加盟諸国で連結財務諸表作成上，強制適用となった2005年とその10年後の2015年を比較して，①IFRSは一般に「高品質」の会計基準として受け入れられている。②投資者にとってより効率的で透明性の高い会計情報を提供しているが，債権者にとってはバランスシートの情報が悪化している。③当初はIFRSの不均一な採用が予想されたが，そうはならなかった。④IFRSが各国で不均一に適用されている場合があるが，エンフォースメントメカニズムへの関心の高まりによってIFRS採用の予想外の便益がみられる。⑤公正価値会計は金融危機の際に主観的かつ流動性の問題を生じさせたが研究結果は見解が分かれている。⑥概念フレームワークはIASBとFASBに深い苦しみを生じさせていると述べています。

確認しよう

- コンバージェンス（収斂）：自国基準と国際財務報告基準（IFRS）との差異を縮小することによって自国基準を国際財務報告基準（IFRS）と同様な内容にしようとすること。
- アドプション（採用）：①自国基準を廃止してIFRSを採用するか，②自国基準は廃止せず，上場企業に国際財務報告基準（IFRS）を強制すること。

図表1-1　SECスタッフによるロードマップ（行程表）

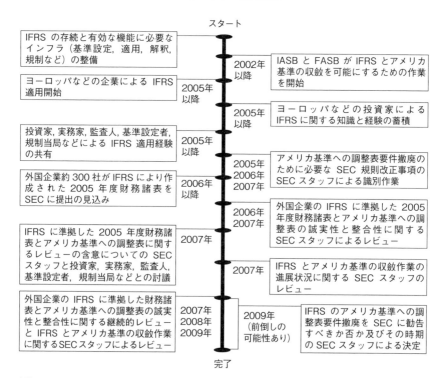

スタート

IFRS の存続と有効な機能に必要なインフラ（基準設定，適用，解釈，規制など）の整備

ヨーロッパなどの企業による IFRS 適用開始　2005年以降

投資家，実務家，監査人，基準設定者，規制当局などによる IFRS 適用経験の共有　2005年以降

外国企業約 300 社が IFRS により作成された 2005 年度財務諸表を SEC に提出の見込み　2006年以降

IFRS に準拠した 2005 年度財務諸表とアメリカ基準への調整表に関するレビューの含意についての SEC スタッフと投資家，実務家，監査人，基準設定者，規制当局などとの討議　2007年

外国企業の IFRS に準拠した財務諸表とアメリカ基準への調整表の誠実性と整合性に関する継続的レビューと IFRS とアメリカ基準の収斂作業に関するSECスタッフによるレビュー　2007年　2008年　2009年

2002年以降　IASB と FASB が IFRS とアメリカ基準の収斂を可能にするための作業を開始

2005年以降　ヨーロッパなどの投資家による IFRS に関する知識と経験の蓄積

2005年　2006年　2007年　アメリカ基準への調整表要件撤廃のために必要な SEC 規則改正事項の SEC スタッフによる識別作業

2006年　2007年　外国企業の IFRS に準拠した 2005 年度財務諸表とアメリカ基準への調整表の誠実性と整合性に関する SEC スタッフによるレビュー

2007年　IFRS とアメリカ基準の収斂作業の進展状況に関する SEC スタッフのレビュー

2009年（前倒しの可能性あり）　IFRS のアメリカ基準への調整表要件撤廃を SEC に勧告すべきか否か及びその時期の SEC スタッフによる決定

完了

出所：Nicolaisen, D.T., Statement by SEC Staff（2005）A Securities Regulator Looks at Convergence, April 21〈http://www.sec.gov/news/speech/spch040605dtn.htm, Appendix I.〉.

図表1-2　ASBJ　プロジェクト計画表　（コンバージェンス関連項目）

2006年10月

項目		2006年9月以前	2006年10月~12月	2007年1月~3月	2007年4月~6月	2007年7月~9月	2007年10月~12月	2008年初	備考 補足
EUによる同等性評価に関連するプロジェクト項目 (※1)									
補1	企業結合①（プーリング）		PT			RR	(DP)	△(○)	RR後DPを検討
補2	連結の範囲①（SPEの開示）	専門委	ED	Final				◎	－
	連結の範囲②（SPEの連結）						DP	○	IASB/FASB議論を踏まえ検討
補3	会計方針の統一（在外子会社）	Final						◎	2006年5月に実務対応報告第18号を公表
B4 A13	ストック・オプション（費用化・注記）	Final						◎	2005年12月に企業会計基準第8号を公表
(※2)	企業結合②（その他）		PT			RR	(DP)	△(○)	RR後DPを検討
B8	棚卸資産（後入先出法）			PT				△	2007年中に方向性を決定
	棚卸資産（評価基準）	Final						◎	2006年7月に企業会計基準第9号を公表
B9	会計方針の統一（関連会社）			PT			(ED)	△(○)	PT検討踏まえEDを検討
B10 A23	固定資産（減損）			PT			RR	△	RR及びIASB/FASB議論を踏まえ検討
B11	無形資産（含む開発費）	WG					DP	○	IASB/FASB議論を踏まえ検討
A17	工事契約	WG	専門委			ED	Final	◎	
A19 A24	資産除去債務	WG	専門委			ED	Final	◎	
A20	退職給付			PT				△	IASB/FASB議論を踏まえ検討
A22	金融商品（公正価値開示）	WG	専門委			ED	Final	◎	
A25	投資不動産	PT						△	IASB/FASB議論を踏まえ検討
その他の関連プロジェクト項目									
	セグメント報告	WG	専門委			ED	Final		
	関連当事者開示	ED	Final						
	リース	試案	ED		Final				
	過年度遡及修正	PT			DP				
	四半期会計基準		ED	Final					

（注1）
「項目」欄
・左端欄にCESRの同等性評価に関する技術的助言の中での取扱いを示している。表記の意味は次のとおり（記号に付した数字は差異項目（26項目）に係る便宜上の連番）。

補　：　補完計算書（仮定計算ベースの要約財務諸表作成）
B　：　開示B（IFRSに従って会計処理した場合の定量的影響（損益又は株主持分への税引前後の影響）の表示）
A　：　開示A（日本基準で既に提供されている開示を補強する定性的・定量的情報の開示）

「備考」欄
・2008年年初の各プロジェクトの取組状況見込みを示している。表記の意味は次のとおり。
◎　：　終了
○　：　委員会において検討中
△　：　PT／WGレベルにおいて検討中

（注2）
※1　CESRの同等性評価に関する技術的助言の中で補正措置が求められるとされている項目のうち、B12(農業)、A16(保険契約(異常危険準備金))、A18（不良債権開示）及び26（金融商品）については、ASBJのプロジェクトとしては取り上げていない。
※2　B5(交換日)、B6(取得研究開発)、B7(負ののれん)、A14(少数株主持分)、A15(段階取得)、A21(外貨建てのれんの換算)を含む。

PT　内部プロジェクト・チーム設置
WG　ワーキング・グループ設置
専門委　専門委員会設置
RR　調査報告（Research Report）
DP　論点整理(Discussion Paper)
ED　公開草案（Exposure Draft）
Final　会計基準/適用指針等(最終)

出所：西川（2007）49頁。

図表1-3 IFRSの任意適用企業の推移

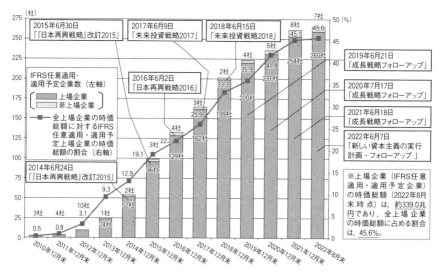

※日本では，2010年3月31日以後終了する連結会計年度より，国際会計基準（IFRS）の任意適用を開始。
※2020年6月末以降は，東証上場会社の決算短信に記載された「会計基準の選択に関する基本的な考え方」において，IFRSの適用を予定している旨を適用時期を明示したうえで記載した会社を含む。

出所：金融庁ホームページ（https://www.fsa.go.jp/singi/singi_kigyou/siryou/kaikei/20220929/4.pdf）。

図表1-4　IFRS任意適用会社（適用予定会社を含む）①（2022年8月31日時点：計267社）

※適用順に左上から右に記載

上場会社（適用済み）：252社

日本電波工業	HOYA	住友商事	日本板硝子	日本たばこ産業
アンリツ	ディー・エヌ・エー	SBI HD	トーセイ	楽天グループ
中外製薬	ネクソン	マネックスグループ	双日	ソフトバンクグループ
丸紅	AGC	アステラス製薬	伊藤忠エネクス	三井物産
第一三共	そーせいグループ	リコー	武田薬品工業	小野薬品工業
伊藤忠商事	三菱商事	日東電工	セイコーエプソン	富士通
エーザイ	伊藤忠テクノソリューションズ	ZHD	エムスリー	すかいらーくHD
ファーストリテイリング	テクノプロ・HD	クックパッド	日本取引所グループ	デンソー
コニカミノルタ	エフ・シー・シー	日立物流	日立金属	日立建機
八千代工業	ユタカ技研	参天製薬	日立製作所	本田技研工業
住友理工	トリドールHD	電通グループ	コナミグループ	ノーリツ鋼機
KDDI	ティアック	LIFULL	セプテーニ・HD	DMG森精機
スカラ	ベルシステム24HD	ツバキ・ナカシマ	LIXIL	ジーエヌアイグループ
ホットリンク	花王	アステリア	エイチワン	日本精工
KYB	兼松	テイ・エス テック	アドバンテスト	飯田グループHD
コメダHD	コロワイド	三菱ケミカルグループ	クレハ	アサヒHD
日本酸素HD	光通信	アイティメディア	シスメックス	ブラザー工業
日本電産	ベイカレント・コンサルティング	日本電気	アイシン	RIZAPグループ
ゼロ	住友ゴム工業	マクロミル	ソレイジア・ファーマ	メタップス
アサヒグループHD	アウトソーシング	FOOD&LIFE COMPANIES	ブロードリーフ	大塚HD
山洋電気	スミダコーポレーション	ユニチャーム	リンクアンドモチベーション	ナブテスコ
ニコン	豊田自動織機	味の素	パナソニックHD	ENEOS HD
J.フロントリテイリング	豊田通商	じげん	MRT	メンバーズ
オリンパス	窪田製薬HD	夢展望	リクルートHD	Jトラスト
カカクコム	三浦工業	JSR	GMOペイメントゲートウェイ	日本精機
MS & Consulting	アルヒ	プレミアグループ	ウルトラファブリックスHD	信和
キュービーネットHD	協和キリン	横浜ゴム	ライオン	キリンHD
日機装	サントリー食品インターナショナル	コンヴァノ	住友化学	サッポロHD
クボタ	日医工	住友ファーマ	サワイグループHD	住友ベークライト
JVCケンウッド	テルモ	CYBERDYNE	三菱電機	エクセディ
ASJ	シェアリングテクノロジー	日本ハム	アマダ	住友金属鉱山
京セラ	ミネベアミツミ	日清食品HD	豊田合成	三菱重工業
ヒロセ電機	日本電信電話	エヌ・ティ・ティ・データ	ソフトバンク	KeyHolder

出所：金融庁ホームページ（https://www.fsa.go.jp/singi/singi_kigyou/siryou/kaikei/20220929/4.pdf）。

図表1-5　IFRS任意適用会社（適用予定会社を含む）②（2022年8月31日時点：計267社）

上場会社（適用済み）：252社

マキタ	ワールド	エアトリ	ルネサスエレクトロニクス	日本ペイントHD
アルテリア・ネットワークス	アドベンチャー	クリエイト・レストランツ・HD	トヨタ紡織	コカ・コーラボトラーズジャパンHD
デジタルガレージ	JFEHD	クレディセゾン	インターネットイニシアティブ	日本製鉄
ウィルグループ	日本触媒	カゴメ	VTHD	バンドー化学
ツガミ	ヤマハ	SUBARU	エフティグループ	プレミアムウォーターHD
エア・ウォーター	栗田工業	JMDC	ナレッジスイート	きずなHD
NISSHA	THK	ヘリオス	安川電機	プロネクサス
日新製糖	ジェイテクト	日本特殊陶業	塩野義製薬	日本航空
トヨタ自動車	ブリヂストン	東レ	三井化学	SCSK
雪国まいたけ	ダイレクトマーケティングミックス	バリオセキュア	チェンジ	ウイングアーク1st
Appier Group	荏原製作所	レノバ	デコルテ・HD	ペイロール
キッコーマン	野村総合研究所	IHI	ビジネスブレイン太田昭和	テクマトリックス
アシロ	ソニーグループ	ポート	BIPROGY	INEST
リログループ	シンプレクス・HD	日本工営	PHCHD	AB & Company
ネットプロテクションズHD	ハイブリッドテクノロジーズ	レカム	三井海洋開発	オロ
GA technologies	ペプチドリーム	CLHD	資生堂	TDK
愛知製鋼	日本新薬	日鉄ソリューションズ	川崎重工業	WOW WORLD
ジーニー	ワコールHD			

上場会社（適時開示にて適用決定を公表）：7社

夢真ビーネックスグループ（2022年6月期）　デジタルプラス（2023年9月期1Q）　インフロニア・HD（2024年3月期）　東芝（2017年3月期→延期）
東芝テック（2017年3月期→延期）　IDEC（2020年3月期→延期）　良品計画（2022年→延期）

上場会社（決算短信において適用予定を公表）：1社

パーソルHD（2024年3月期）

非上場会社（適用済み）：7社

SNK	サントリーHD	SBI FinTech Solutions	楽天カード　　昭和電工マテリアルズ
ファミリーマート	NFCHD		※有価証券報告書提出会社に限る

出所：金融庁ホームページ（https://www.fsa.go.jp/singi/singi_kigyou/siryou/kaikei/20220929/4.pdf）。

☞確認問題 問い に挑戦しよう

┌ Column ┐
日本のなかの推進派と慎重派

　IFRS導入を巡り国内では「アメリカ追随でなく独自で一気に導入すればいい」という推進派と，「アメリカの状況やIFRS改定作業を見極めてから判断すべき」との慎重派に分かれているといいます。導入すべきではないという反対派も会計学者には多いとされています（エコノミスト2009年11月3日号，22頁）。

📖 発展学習　IFRSの課題
　Ball（2016）は，IFRSの課題として，次のような点をあげています。
1．不均一な適用（IFRSの統一的な採用は統一的な適用を意味しない）
2．フリーライダー問題（会計基準の品質が低い国々はIFRSのブランドを本質的に無償で使用できる）
3．会計基準のひんぱんな変更（一時的，構造的またはその両者？）
4．公正価値会計（マークトゥマーケット会計またはマークトゥモデル）
5．概念フレームワーク（有用なガイドまたは目隠し？）
6．1つのグローバルブランド（すべての国々にIFRSの使用を認めると財務報告の品質の差異が捨象されてしまう）
7．競争の減少（代替的財務報告システム間の競争が健全で革新的な結果につながる。世界基準の設定は危険な試みである）
8．グローバルな政治（長期的にみてIASBのリスクはグローバルな政治問題かもしれない）

また，IFRSの採用それ自体からは資本市場のベネフィットは生じないという研究結果が示されていると指摘しています。

参考文献

Ball, R.（2016）IFRS – 10 years later, *Accounting and Business Research*, Vol.46, No.5, 545-571.

Barth, M.E.（2006）*Research, Standard Setting, and Global Financial Reporting*, Publishers Inc.

Barth, M.E.（2009）CPA Congress 2009 The 70th annual research lecture.

Mueller, G.G.（1967）*International Accounting,* the Macmillan Company.

西川郁生（2007）「企業会計基準委員会（ASBJ）におけるコンバージェンスへの取組み」『企業会計』第59巻第1号，44-52頁。

確 認 問 題

問い　次の（①）～（⑩）に適当な語句（または数字）を記入しなさい。

・国際会計基準審議会（①）は，（②）名の理事から構成され，そのうち（③）名以上の賛成により国際財務報告基準（④）を設定する役割を果たしている。

・日本は，（⑤）年8月の東京合意に従い，（⑥）年6月30日を目標期日として，わが国と国際財務報告基準の差異について（⑦）を行う。

・国際財務報告基準はテーマごとに会計基準が設定される（⑧）がとられている。

・2023年12月末時点で上場企業（⑨）社がIFRSを任意適用（適用決定，適用予定を含む）している。

・IFRSは一般に「高品質」の会計基準として受け入れられているが，IFRSの採用それ自体からは（⑩）のベネフィットは生じないとされる。

発 展 課 題

[課題1]　コンバージェンスとアドプションについて，それぞれ長所と短所をあげてみよう。

[課題2]　あなたが知っている会社は，IFRS導入にどのような姿勢（積極的or消極的）をとっていると考えられるだろうか。また，そのように判断する理由もあげてみよう。

第2章

概念フレームワーク（1）

✏️ **事前学習**（この章の学習をする前に取り組んでみましょう）

[問1] 概念フレームワークとは，どのようなものかまとめてみよう。

_____

_____

[問2] 日本やIASBの概念フレームワークについて，あなたが知っていること（または調べてわかったこと）をまとめてみよう。

_____

_____

_____

_____

1 概念フレームワーク (conceptual framework) とは

　概念フレームワークとは，国際会計基準委員会（IASC）が1989年7月に公表した「財務諸表の作成及び表示に関する枠組み」(Framework for the Preparation and Presentation of Financial Statements)」(2001年4月にIASBで承認）を2018年3月29日に改訂した「財務報告に関する概念フレームワーク」のことをいいます。2020年の1月1日より適用されています。

　概念フレームワークは，財務諸表作成者が国際財務報告基準（IFRS）を適用する際，または監査人がIFRSに準拠している財務諸表かどうかについて監査する際に役立つものとされます。つまり概念フレームワークは国際財務報告基準（IFRS）ではありません。また，概念フレームワークと国際財務報告基準が一致しない場合は，国際財務報告基準の規定が優先されることになっています。

2 概念フレームワークの重要性

　概念フレームワークを図で示すと図表2-1のようになります。国際財務報告基準で概念フレームワークが重要なポジションを占めていることがこの図からも確認できます。

図表2-1　教育：IFRSに対する「フレームワーク」

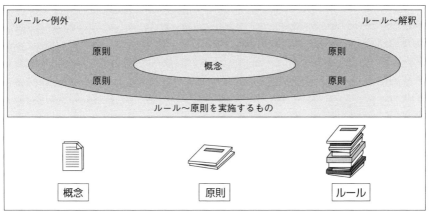

出所：Barth（2009）12頁。

3 帰納的アプローチと演繹的アプローチ

　国際財務報告基準の概念フレームワークは，下記に示す2つのアプローチ
のうち「演繹的アプローチ」をとっているとされます。
・「帰納的アプローチ」とは，会計実務で行われている会計処理の諸方法を
　観察し，そのなかから一般的または共通的なものを抽出することによって
　会計基準を設定する方法をいいます。
・「演繹的アプローチ」とは，会計の前提となる目的や基礎概念を最初に規
　定し，これらとうまく首尾一貫するように具体的な会計処理のルールを導
　き出す方法をいいます。

参考 概念フレームの端緒

　概念フレームワーク（conceptual framework）の端緒は，アメリカの会計基準設
定団体である財務会計基準審議会（Financial Accounting Standards Board：
FASB）が1978年から1985年にかけて公表した6編（第3号は第6号により差し替

えられたので実質的に5編）の概念フレームワークに求めることができます。その後，イギリス，カナダ，オーストラリア，ニュージーランドおよび韓国などの国も概念フレームワークを公表しています。

　なお，アメリカでは，2000年2月に概念フレームワーク第7号「会計測定におけるキャッシュ・フロー情報と現在価値の利用」が公表されました。IASCの概念フレームワークはFASBの概念フレームワークと非常に似ているといわれます。一方，わが国でも2004年7月に概念フレームワークの討議資料が公表され，2006年12月には，その改訂版が公表されています。

4 概念フレームワークの目的

　概念フレームワークの目的として，3つの項目があげられています（para. SP1.1）。

①IASBが首尾一貫した概念に基づいたIFRSを開発することを支援する。
②特定の取引や他の事象に当てはまるIFRSがない場合，またはIFRSが会計方針の選択を認めている場合に，作成者が首尾一貫した会計方針を策定することを支援する。
③すべての関係者がIFRSを理解し解釈することを支援する。

2018年に改正された概念フレームワークの構成は次のとおりです。

第1章　一般目的財務報告の目的
第2章　有用な財務情報の質的特性
第3章　財務諸表と報告企業
第4章　財務諸表の構成要素
第5章　認識および認識の中止
第6章　測定
第7章　表示および開示
第8章　資本および資本維持の概念

5 第1章　一般目的財務報告の目的

　一般目的財務報告の目的は，現在のおよび潜在的な投資者，融資者，および他の債権者が企業への資源の提供に関する意思決定をするうえで有用な，報告企業についての財務情報を提供することであるとされます（para.1.2）。

主要な利用者

　一般目的財務報告の主要な利用者は，現在のおよび潜在的な投資者，融資者，および他の債権者とされます（para.1.5）。

　一般目的財務報告は，①報告企業の経済的資源や報告企業に対する請求権についての情報や，②報告企業の経済的資源や請求権を変動させる取引および他の事象の影響についての情報を提供し，これら両方の情報は，企業への資源の提供に関する意思決定に有用なインプットを提供します（para.1.12）。

（1）経済的資源と請求権

　報告企業の財政状態（financial position）に関する情報は，報告企業の財務上の強みと弱みを利用者が識別し，その流動性と支払能力などを評価するのに役立ちます。

（2）経済的資源や請求権の変動

　報告企業の財務業績（financial performance）に関する情報は，企業が経済的資源を利用して生み出したリターンを利用者が理解するのに役立ちます。言いかえると経営者が報告企業の資源を効率的・効果的に利用する責任をどのくらい果たしたかについての指標を提供します。

　☞確認問題 問1 に挑戦しよう

企業間の信用取引が高度に発達した今日の経済社会では，現金主義会計ではなく，発生主義会計が広く用いられています。詳しくは発展学習をご覧ください。

📖 **発展学習**　発生主義会計

発生主義会計は，たとえ関連する現金受取りと支払が異なる期間に発生する場合であっても，取引ならびに他の事象および状況が報告企業の経済的資源および請求権に与える影響を，それらの影響が発生する期間に描写する。これが重要である理由は，報告企業の経済的資源および請求権ならびにある期間中の経済的資源および請求権の変動に関する情報の方が，当該期間の現金収入および現金支払のみに関する情報よりも，企業の過去および将来の業績を評価するためのより適切な基礎を提供するからである（para.1.17）。

6 第2章　有用な財務情報の質的特性

有用な財務情報の質的特性（qualitative characteristics）とは，現在のおよび潜在的な投資者，融資者，および他の債権者が報告企業に関する意思決定を当該報告企業の財務報告書の情報（財務情報）に基づいて行う際に最も有用となる可能性の高い情報の種類を識別するものです（para.2.1）。

これをわかりやすくいうと，会計情報利用者が意思決定を行う場合に，そこで用いられる情報が有用であるか否かを判断するための規準という意味です。

それでは，図表2-2で確認しながら，財務情報の質的特性を学習していきましょう。

なお，この図は概念フレームワークの学習を進めやすくするため便宜上，図式化したものであり，概念フレームワークのなかにこのような図が示されているわけではありません。

図表2-2　財務情報の質的特性の階層構造

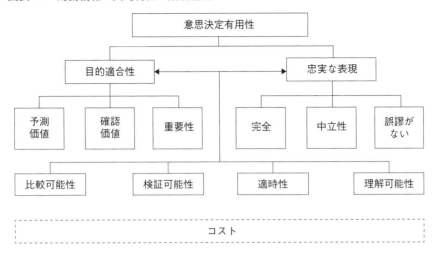

（1）基本的な質的特性

　目的適合性と**忠実な表現**の2つからなります（para.2.5）。なお，目的適合性は意思決定との関連性といわれることがあります。

- ・目的適合性：財務情報の利用者が行う意思決定に違いをもたらし得ること。それには，財務情報に予測価値（情報利用者に過去，現在または将来の事象を評価させる情報の特性），確認価値（情報利用者に過去の評価を確認または訂正させる情報の特性，フィードバック価値ともよばれる）またはその両方があることをいう（para.2.6および2.7）。
- ・忠実な表現：財務情報は表現しようとする現象を忠実に表現しなければならない。

　有用であるためには，財務情報は，目的適合性のある現象を表現するだけでなく，表現しようとしている現象の実質を，忠実に表現しなければならないとされます（para.2.12）。

(2) 補強的な質的特性

　比較可能性，検証可能性，適時性，および理解可能性は，目的適合性があり，表現しようとする対象の忠実な表現を提供する情報の有用性を補強する質的特性であるとされます（para.2.23）。

- **比較可能性**：報告企業に関する情報が，他の報告企業の情報や，その報告企業の異なる期間について比較できること。
- **検証可能性**：複数の知識ある独立の観察者が，特定の描写が忠実な表現であることについて，必ずしも完全な合意でなくともコンセンサスを得ることができること。
- **適時性**：意思決定者の決定に影響を与えることができるように遅滞なく情報を利用可能とすること。
- **理解可能性**：情報を分類し，特徴づけし，明瞭かつ簡潔に表示すること。

(3) 有用な財務報告に対するコストの制約

　コストは，財務報告により提供され得る情報に関する一般的な制約です。財務情報の報告にはコストがかかるものであり，それらのコストが当該情報を報告することによる便益により正当化されることが重要です（para.2.39）。
　☞確認問題 問3 と 問4 に挑戦しよう

7 第3章　財務諸表と報告企業

　IASBが2018年3月に改訂した概念フレームワークの第1章　一般目的財務報告の目的，と第2章　有用な財務情報の質的特性は一般目的財務報告を対象としています。
　これに対し，第3章以降は財務報告のうちの財務諸表に対象を狭く限定しています。

報告企業とは，財務諸表の作成が要求されているか作成することを選択した企業をいいます（para.3.10）。

ここで財務諸表の種類には，連結財務諸表，個別財務諸表，結合財務諸表があります。

基礎となる前提

これは日本の財務会計における会計公準に該当します。概念フレームワークでは，財務諸表作成の基礎的前提として，**継続企業の前提**をあげています。ここで，継続企業の前提とは，財務諸表は，通常，企業が継続企業（going concern）であり，予見可能な将来にわたり事業を継続するという前提に基づいて作成されることをいいます（para.3.9）。

☞確認問題 問2 に挑戦しよう

発展学習　比較可能性（Comparability）

類似する経済活動を企業が行った場合，類似する金額が報告されることを比較可能性といいます。その結果，同様の経済活動は同じように，異なる経済活動は違うように報告されます。

概念フレームワークのなかで**比較可能性**は，項目間の類似点と相違点を利用者が識別し理解することを可能にする質的特性である（para.2.25）とされます。

比較可能性は企業間比較と期間ごとの比較を可能にするため重要であり，投資者のよりよい投資機会の評価に役立ちます。

IFRSは透明性，アカウンタビリティ，資本市場における効率性を高めることを目的としています。比較可能性はこのプロセスに役立つとされます。

Column

重要性の定義の改訂

2018年10月に「重要性がある」の定義が次のように改訂されました。

情報は，それを省略，誤表示，または不明瞭にしたときに報告企業の財務情報を提供する財務諸表の主要な利用者が当該財務諸表に基づいて行う意思決定に影響を与えると合理的に予想し得る場合には重要性がある（para.2.11）。

参考文献

Barth, Mary（2009）「会計 特集 IFRS教育のあり方」『会計・監査ジャーナル』第21巻第7号，9-22頁。

確　認　問　題

[問1]　次の文章の空欄に語句を記入しなさい。

　　　概念フレームワークは，一般目的財務報告の主要な利用者として，現在のおよび潜在的な（　　　），（　　　），他の（　　　）をあげている。

[問2]　次の文章の空欄に語句を記入しなさい。

　　　概念フレームワークでは，（　　　　　）を基礎となる前提としてあげている。

[問3]　次の文章の（　　　）から，正しいものを1つ選び，○で囲みなさい。

　　　概念フレームワークにおいて，財務情報の質的特性としてあげられていないものは，（理解可能性，目的適合性，検証可能性，信頼性）である。

[問4]　次の各文章は，財務情報が有していなければならない基本的な質的特性と補強的な質的特性のいくつかについて述べています。空欄に語句を記入しなさい。

　①（　　　　　）とは，情報は，それが有用であるためには利用者の要求に適合するものでなければならない。情報に予測価値と確認価値がある場合に（①）を有する。

　②（　　　　　）とは，情報は，表現しようとする現象を忠実に表現しなければならない。

　③（　　　　　）とは，類似する経済活動を企業が行った場合，類似する金額が報告されることをいう。

発　展　課　題

[課題]　財務情報の質的特性の基本的な質的特性が信頼性から忠実な表現に変更されました。これによる影響をまとめてみよう。

第3章

概念フレームワーク（2）

今回も前回にひき続き，2018年3月に改訂されたIASBの概念フレームワークについて学習します。

1 収益・費用アプローチと資産・負債アプローチ

　収益・費用アプローチ とは，収益と費用を会計の中心概念と考え，両者の差額として利益を測定するアプローチをいいます。たとえば，日本の企業会計原則は収益・費用アプローチに基づいているといわれています。
　一方，資産・負債アプローチとは，資産と負債を会計の中心概念と考え，両者の差額である純資産の変動をもとに利益を測定するアプローチをいいます。たとえば，IASBやアメリカの概念フレームワークは資産・負債アプローチに基づいているといわれています。
　また，日本の金融商品・退職給付・リースなどの会計基準も資産・負債アプローチに基づいているとされます。

2 資産・負債アプローチの特徴

　資産・負債アプローチには次のような特徴があるといわれています。
・資産と負債の定義を決め，その差額で持分（資本）を求め持分（資本）の変動から利益を求める。
・収益と費用は，時が経過して資産と負債が変動した場合にその変動から発生する。
・資産と負債を測定するのは，それが収益を測定する唯一の方法と考えるためである。

　したがって，資産・負債アプローチのもとでも貸借対照表の方が損益計算

書より重要と考えられているわけではないことに注意してください。

3 第4章　財務諸表の構成要素

　財務諸表の構成要素とは，取引その他の事象の財務的影響を，それらの経済的特徴に従って分類した大項目をいいます。ここで，貸借対照表における財政状態の測定に関係する構成要素は，資産，負債および持分です。一方，損益計算書における財務業績の測定に関係する構成要素は，収益および費用です（para.4.1）。2018年に公表された概念フレームワークでも，まず資産・負債を定義し，それらの変動で収益・費用を定義しているが，収益・費用の情報は資産・負債の情報と同様に重要であるとしています。

　財政状態の測定に関係する構成要素の定義は次のとおりです。
①**資産**とは，過去の事象の結果として企業が支配している現在の経済的資源である（para.4.3）。
②**負債**とは，過去の事象の結果として経済的資源を移転するという企業の現在の義務である（para.4.26）。
③**持分**とは，企業のすべての負債を控除した後の資産に対しての残余持分である（para.4.63）。
※なお，経済的資源とは，経済的便益を生み出す潜在能力を有する権利である（para.4.14）。

　経営成績の測定に関係する構成要素の定義は次のとおりです。
④**収益**とは，持分の増加を生じる資産の増加または負債の減少のうち，持分請求権の保有者からの拠出に係るものを除いたものである（para.4.68）。
⑤**費用**とは，持分の減少を生じる資産の減少または負債の増加のうち，持分請求権の保有者への分配に係るものを除いたものである（para.4.69）。

※資産負債アプローチに基づいてフローとしての収益費用をストックとしての資産負債の増減として定義しています。

　なお，日本では収益から費用を控除すると純利益が計算されますが，IASBの概念フレームワークの定義に従って収益から費用を控除すると包括利益が計算されることになります。

　☞確認問題 問1 に挑戦しよう

　資産と負債の両方の定義に関係するもの
①会計処理単位
　会計処理単位とは，認識規準および測定概念が適用される権利もしくは権利のグループ，義務もしくは義務のグループ，または権利と義務のグループをいいます（para.4.48）。
②未履行契約
　未履行契約とは，未履行の程度が等しい契約をいいます（para.4.56）。

第5章　認識および認識の中止

認識プロセス

　認識とは，財政状態計算書または財務業績の計算書への記載のために，財務諸表の構成要素（資産，負債，持分，収益または費用）のうち，1つの定義を満たす項目を捕捉するプロセスである。

　認識は，計算書のうちの1つに当該項目を言葉と貨幣金額で描写すること，および当該金額を当該計算書に1つまたは複数の合計額で記載することを伴います（para.5.1）。

　認識（recognition）には，取引ないし事象がⅰ）財務諸表の構成要素の定義（①～⑤）を満たし（3．第4章　財務諸表の構成要素を参照），かつⅱ）

次に述べる⑥目的適合性，⑦忠実な表現，⑧コスト制約をすべて満たす必要があります。

　したがって，ⅰ）財務諸表の構成要素であっても，ⅱ）のいずれかを満たさない項目は，財務諸表本体でオン・バランスされるのではなく，注記，説明資料，補足的な明細表で開示します。

財務諸表の構成要素の認識規準

⑥目的適合性
　資産，負債，収益，費用，持分変動に関する目的適合性のある情報をもたらす。

⑦忠実な表現
　資産，負債，収益，費用，持分変動の忠実な表現をもたらす。

⑧コスト制約
　認識により利用者へ提供される情報の便益が情報の提供および利用のコストを正当化する可能性が高い。

　このように，新しい概念フレームワークにおいて財務諸表の質的特性は，単なる財務情報における質的特性ではなく，認識規準として実質的に機能するものへと変容しているとされます。

認識の中止

　認識の中止（derecognition）とは，認識した資産・負債の全部または一部を企業の財政状態計算書から除去することをいいます（para.5.26）。

　認識の中止には，①支配アプローチ（認識規準を満たさなくなった場合に認識を中止する考え方）と，②リスク・経済価値アプローチ（資産・負債がもたらす大部分のリスク・経済価値から解放されるまで当該資産・負債を認識するという考え方）があります。

確認しよう

　費用は費用収益対応の原則に基づいて認識されますが，この原則を適用したからといってIASBの概念フレームワークの考え方によると資産または負債の定義を満たさない項目が貸借対照表で認識されるわけではありません。

　IASBの概念フレームワークでは，経済的便益の流入または流出の蓋然性が低い場合，資産または負債の貸借対照表への認識を制限するとされます（paras.5.15-5.17）。

5 第6章　測定

　それでは概念フレームワークの測定の定義について学習しましょう。

　測定（measurement）とは，財務諸表の構成要素が認識され，貸借対照表および損益計算書に記載される金額を決定するプロセスをいいます。

　2018年に公表された概念フレームワークに示されている測定基礎（measurement basis）として，**歴史的原価**（historical cost）と**現在の価値**（current value）の2つがあります（para.BC6.12）。

　なお，現在の価値には公正価値（fair value），使用価値（value in use），履行価値（fulfillment value），現在原価（current cost）が含まれます。

① 歴史的原価は，資産，負債ならびに関連する収益および費用に関する貨幣的情報を，少なくとも部分的に，それらを生じさせた取引または他の事象の価格から導き出された情報を用いて提供する（para.6.4）。

※ 取得原価といわれることがある。

② 現在の価値は，資産，負債ならびに関連する収益および費用に関する貨幣的情報を，測定日現在の状況を反映するように更新した情報を使用して提供する（para.6.10）。

　(a) **公正価値**は，測定日における市場参加者間の秩序ある取引において，資産を売却するために受け取るであろう価格または負債を移転するために支払うであろう価格である（para.6.12）。

　(b) **使用価値**とは，資産の継続的使用とその最終的な処分から見込ま

れるキャッシュ・フローまたは他の経済的便益の現在価値である。**履行価値**とは，負債を履行する際に移転の義務を負うと見込まれる現金または他の経済的資源の現在価値である（para.6.17）。

(c) 資産の**現在原価**は，測定日時点の同等の資産の原価であり，測定日時点で支払われるであろう対価に同日に生じるであろう取引コストを加算したもので構成される。負債の**現在原価**は，測定日時点で同等の負債に対して受け取るであろう対価から，同日に生じるであろう取引コストを減算したものである（para.6.21）。

　これらの測定基礎の選択にあたって考慮すべき諸要因として，基本的な質的特性である目的適合性と忠実な表現が示され（para.6.45），それらの選択は，財政状態計算書と財務業績の計算書の両方において測定基礎が生み出す情報の性質を考慮することが重要であるとされます（para.6.23, 6.43）。

　2018年に公表された概念フレームワークでは，有用な財務情報の質的特性を考慮すると異なる資産・負債および収益・費用に異なる測定基礎が選択される可能性が高いとされます（para.6.2）。これを**混合測定**（mixed measurement）といいます。

　☞確認問題 問2 に挑戦しよう

6 第7章　表示および開示

　分類とは，表示と開示の目的のために，共通の特徴（項目の性質，事業活動のなかでの役割［機能］，測定方法など）に基づき，資産，負債，持分，収益，費用を区分することをいいます（para.7.7）。

資産および負債の分類

　分類は，資産または負債について選択された会計処理単位に適用されます。

資産および負債の分類について，たとえば，資産または負債を流動部分と非流動部分に分解して，それらの内訳項目を区分して分類することが適切となる可能性があります（para.7.9）。

相殺

相殺は異質な項目を一緒に分類するものであり，一般的には適切ではない（para.7.10）。

持分の分類

有用な情報を提供するため，複数の持分請求権が異なる特徴を有している場合に，それらの持分請求権を区分して分類することが必要となる可能性があります（para.7.12）。

収益および費用の分類

収益および費用は，次のいずれかに分類され含められます（para.7.15）。

（a）損益計算書

（b）損益計算書外のその他の包括利益

概念フレームワークは，財務業績の計算書を単一の計算書で構成するのか，2つの計算書で構成するのかを定めていません。

原則として，ある期間にその他の包括利益に含められた収益および費用は，将来の期間に，その他の包括利益から損益計算書に振り替えられます。しかし，振り替えを行う時期や金額を特定する明確な基礎がない場合には，その他の包括利益に含めた収益および費用をその後に振り替えない可能性があります（para.7.19）。

7 第8章　資本および資本維持の概念

　資本および資本維持の概念について，概念フレームワークでは，①貨幣資本（financial capital）と②実体資本（physical capital）の2つについて述べています。

　このうち，現代の会計制度においては，資本については貨幣資本概念が広く用いられています。この概念の下では，資本は純資産または持分と同義となります。

　一方，操業能力などの実体資本概念の下では，資本は，たとえば，1日あたりの生産量に基づく企業の生産能力とみなされます。

　企業による資本の概念の選択は，財務諸表の利用者のニーズに基づかなければなりません。したがって，財務諸表の利用者が名目投下資本の維持ないし投下資本の購買力に関心を有する場合には，貨幣資本概念を採用しなければなりません（para.8.2）。

　しかし，利用者の主要な関心事が企業の操業能力にある場合には，実体資本概念を用いなければなりません（para.8.2）。

　この資本の概念は，財務諸表の作成において，①貨幣資本の維持と②実体資本の維持の概念を生じさせます（para.8.3）。

　測定基礎および資本維持の概念（concept of capital maintenance）の選択によって，財務諸表の作成に用いられる会計モデルが決定されます。本概念フレームワークは，いくつかの会計モデルが存在し得ることを認識したうえで，選択された会計モデル下での財務諸表の作成と表示に関する指針を示すものです。しかし現在のところ，IASBは超インフレ経済下の通貨で報告する企業などのような例外的な状況下にある場合を除き，特定の会計モデルに固執する意向はない。しかし，この意図は，各国における進展に照らして再検討されるであろうとされています（para.8.9）。

発展学習 有用な概念フレームワークは幻想か

Ball（2016）は，概念フレームワークをめぐるアメリカの経験から概念フレームワークに対して懐疑的な見解を示しています。また，FASBや日本のASBJは概念フレームワークに対する関心を失っているようにみえると述べています。

確 認 問 題

問1 次の文章の（　　　）から，正しいものを1つ選び，○で囲みなさい。

　　概念フレームワークにおいて，定義されていない財務諸表の構成要素は（持分，資金，費用，負債，収益）である。

問2 IASBの概念フレームワークにおいて，示されている測定基礎のうち，正しいものを空欄に記入しなさい。

> ①（　　　　）：測定日における市場参加者間の秩序ある取引において，資産を売却するために受け取るであろう価格または負債を移転するために支払うであろう価格。
>
> ②（　　　　）：測定日時点の同等の資産の原価であり，測定日時点で支払われるであろう対価に同日に生じるであろう取引コストを加算したもの。
>
> ③（　　　　）：負債を履行する際に移転の義務を負うと見込まれる現金または他の経済的資源の現在価値。
>
> ④（　　　　）：資産，負債ならびに関連する収益および費用に関する貨幣的情報を，少なくとも部分的に，それらを生じさせた取引または他の事象の価格から導き出された情報を用いて提供する。
>
> ⑤（　　　　）：資産，負債ならびに関連する収益および費用に関する貨幣的情報を，測定日現在の状況を反映するように更新した情報を使用して提供する。

下記の語句と，その意味を説明しているものを，それぞれ選び，線で結びなさい。

① 理解可能性　　　　　　・
　（understandability）

② 比較可能性　　　　　　・
　（comparability）

③ 忠実な表現　　　　　　・
　（faithful representation）

④ 中立性　　　　　　　　・
　（neutrality）

⑤ 慎重性　　　　　　　　・
　（prudence）

⑥ 実質優先　　　　　　　・
　（substance over form）

⑦ 完全　　　　　　　　　・
　（complete）

⑧ 適時性　　　　　　　　・
　（timeliness）

⑨ 目的適合性　　　　　　・
　（relevance）

⑩ 検証可能性　　　　　　・
　（verifiability）

・情報が表示しようとする取引や事象を忠実に表現していること

・財務諸表に記載される情報に意図的な偏向がないこと

・取引や事象を経済的実態に即して会計処理すること

・不確実性の状況下の判断で必要とされる用心深さのこと

・描写しようとする情報の理解に必要なすべての情報を含んでいること

・財務諸表の期間比較と企業間比較などができること

・情報が意思決定に影響を及ぼす効力を有する間に，情報利用者にその情報を利用可能にさせること

・情報を分類し特徴づけし明瞭かつ簡潔に表示すること

・知識を有する独立した別々の観察者が完全でなくとも忠実な表現であるという合意に達し得ること

・利用者の意思決定に相違を生じさせる情報であること

発 展 課 題

［課題］　2018年3月に公表された概念フレームワークを読んで財務諸表の構成要素の定義を確認してみよう。

第4章

財務諸表の表示（IAS1）

✏️**事前学習**（この章の学習をする前に取り組んでみましょう）

[問い] IFRSを任意適用している日本企業を１社選び，財務諸表をみてみよう。

　　　○あなたが選んだ会社　[　　　　　　　　　　　　　　　]

　　　○財務諸表をみて気がついたこと

1 IAS1の意義

　企業はこの基準を，国際財務報告基準（IFRS）に準拠した一般目的財務諸表を作成し表示する際に適用しなければならないとされます（para.2）。

2 IAS1の適用範囲

　この基準はIASに準拠して作成されるすべての一般目的財務諸表の表示に適用されます。ここで一般目的財務諸表とは，自己の特別な情報ニーズに合わせた財務諸表の作成を企業に要求する立場にない利用者のニーズを満たすことを意図した財務諸表をいいます（para.7）。

3 完全な1組の財務諸表とは

　国際財務報告基準（IFRS）に準拠した**完全な1組の財務諸表**は次の①〜⑥から構成されます（para.10）。なお，当期と前期の少なくとも2期間の情報を開示します。
- ①（当該期間の）期末の**財政状態計算書**（statement of financial position as at the end of period）（これまでどおり**貸借対照表**としてもよい）
- ②（当該期間の）**純損益およびその他の包括利益計算書**（statement of comprehensive income for the period）（これまでどおり**損益計算書**としてもよい）
- ③（当該期間の）**持分変動計算書**（statement of changes in equity for the period）（これまでどおり**株主持分変動計算書**としてもよい）
- ④（当該期間の）**キャッシュ・フロー計算書**（statement of cash flows）

⑤重要な会計方針の要約および他の説明的情報を含む**注記**（notes）

⑥所定の場合における，最も古い比較期間の**期首財政状態計算書**
（statement of financial position as at the beginning of period）

参考 **所定の場合**

　所定の場合とは，会計方針の変更に伴い遡及的適用を行った場合，遡及的修正再表示を行った場合，または財政状態計算書において表示方法の変更があった場合をいいます。

☞確認問題 問 1 に挑戦しよう

4 財務諸表の目的

　財務諸表の目的は，広範囲の利用者の経済的意思決定に有用となる企業の財政状態，財務業績およびキャッシュ・フローについての情報を提供することであるとされます（para.9）。この目的を達成するために，上記の財務諸表が必要であるとされます。

　財務諸表は，資産，負債，資本，収益および費用（利得および損失を含む），所有者からの拠出および所有者への分配，キャッシュ・フローに関する企業の情報を提供しています。

5 一般的特性

　適正な表示をするには，概念フレームワークに示されている資産，負債，収益および費用の定義と認識規準に従って，取引およびその他の事象や状況の影響を忠実に表現することが要求されます。

　IFRSに準拠した財務諸表とは，国際財務報告基準（IFRS），国際会計基

準（IAS），解釈指針（IFRIC，SIC）等を全面適用したものをいいます。IFRSに準拠した財務諸表を作成する企業は，注記においてIFRSに準拠している旨の明示的かつ無限定の記述を行わなければならないとされます（para.16）。

　会計方針とは，企業が財務諸表を作成表示するにあたって採用する特定の原則，基礎，慣行，規則および実務をいいます。

　IFRSのなかのある要求事項に従うことが概念フレームワークに示されている財務諸表の目的に反するほどに誤解を招くと経営者が判断する極めて稀なケースにおいて，関連する規制上の枠組みがそのような離脱を要求しているかまたはそのような離脱を禁じていない場合には，企業は当該IFRSの要求事項から離脱しなければなりません（para.19）。

　つまり，**IFRSからの離脱**とは，IFRSのある規定を適用すると財務諸表利用者の誤解を生む恐れがあると経営者が判断した場合に，一定の開示を条件にその規定を適用しないことをいい，ごく稀な場合にのみ認められることがあります。

　財務諸表の作成に際して，経営者は，企業が**継続企業**として存続する能力があるのかどうかを検討しなければなりません。経営者に当該企業の清算もしくは営業停止の意図がある場合，またはそうする以外に現実的な代替案がない場合を除いて，企業は財務諸表を継続企業の前提により作成しなければなりません（para.25）。

　企業は，キャッシュ・フロー情報を除き，財務諸表を**発生主義会計**を用いて作成しなければなりません（para.27）。

　財務諸表項目の**表示の継続性**については，IFRSが表示の変更を要求している場合や企業の事業内容の重大な変化または財務諸表の表示の再検討により，別の表示または分類の方が適切であることが明らかな場合を除き，ある期から次の期へと維持しなければなりません（para.45）。

　重要性と集約について，企業は，類似した項目の重要性のある分類のそれぞれを財務諸表上で区別して表示しなければなりません。企業は，重要性が

ない場合を除き，性質または機能が異質な項目を区別して表示しなければなりません（para.29）。

　企業は，IFRSで要求または許容している場合を除き，資産と負債，または収益と費用を**相殺してはなりません**（para.32）。

　比較情報について，企業は最低限，2つの財政状態計算書，2つの純損益およびその他の包括利益計算書，2つの分離した純損益計算書（表示する場合），2つのキャッシュ・フロー計算書および2つの持分変動計算書，ならびに関連する注記を表示します（para.38A）。

　報告の頻度について，企業は完全な1組の財務諸表（比較情報を含む）を少なくとも年に1回は報告しなければなりません（para.36）。

6 期末財政状態計算書(貸借対照表)

　期末に財政状態計算書の本体に記載すべき最低限の情報内容は次のとおりであるとされます（para.54）。

---

①有形固定資産，②投資不動産，③無形資産，④金融資産[※1]（⑤，⑧，⑨で示される金額を除く），⑤持分法で会計処理された投資，⑥生物資産，⑦たな卸資産，⑧売掛金その他の債権，⑨現金および現金同等物，⑩IFRS5により売却目的保有に分類される資産と処分グループに含まれる資産との合計額，⑪買掛金およびその他の未払金，⑫引当金，⑬金融負債[※2]（上の⑪，⑫で表示される項目を除く），⑭税金負債および税金資産，⑮繰延税金負債および繰延税金資産，⑯IFRS5により売却目的保有に分類される処分グループに含まれる負債，⑰非支配持分，⑱発行済資本金および剰余金

※1　IFRS17の範囲に含まれる契約ポートフォリオのうち資産であるものを表示
※2　IFRS17の範囲に含まれる契約ポートフォリオのうち負債であるものを表示

さらに期末財政状態計算書もしくは持分変動計算書，または注記のいずれかに記載すべき情報は次のとおりとされます（para.79）。

株主資本の種類ごとに

　①授権株式数，②全額払込済みの発行済株式数および未払込額のある発行済株式数，③1株あたりの額面金額または無額面である旨，④発行済株式総数の期首と期末の調整表，⑤株式に付されている権利，優先権および制限，⑥自己株式および子会社または関連会社保有の自社株式，⑦オプション契約による発行および売渡契約のための留保株式（契約条件および金額を含む）。

資本に含まれている剰余金のそれぞれの内容および目的

　どの程度詳細に表示するかはIFRS（IAS）の規定ならびに金額の大きさ，性格および機能によります。

(1) 流動項目と非流動項目の区分

　流動項目と非流動項目は，財政状態計算書（貸借対照表）上で区別して表示しなければなりません。つまり，**流動資産**と**非流動資産**，**流動負債**と**非流動負債**を別々の区分として表示します（para.60）。ただし，流動性に基づく表示の方が信頼性があり目的適合性が高い情報を提供する例外的な場合には，すべての資産および負債を流動性の順序に従って表示します。

(2) 流動資産と非流動資産

　次のいずれかに該当する場合，流動資産に分類します（para.66）。

　(a) 正常営業循環（図表4-1を参照）のなかで実現，販売，消費を意図している。

　(b) 主として売買目的で保有している資産。

　(c) 報告期間後12ヵ月以内に実現させることを見込んでいる資産。

　(d) 現金または現金同等物（報告期間後少なくとも12ヵ月にわたり当該

資産を交換または負債の決済に使用することが制限される場合を除く）。

なお，これら以外の資産（繰延税金資産を含む）はすべて非流動資産とされます。

（3）流動負債と非流動負債

次のいずれかに該当する場合，流動負債に分類します（para.69）。

(a) 正常営業循環（図表4-1を参照）のなかで決済することを見込んでいる。

(b) 主として売買目的で保有している負債。

(c) 決済期限が報告期間後12ヵ月以内に到来する。

(d) 報告期間の末日現在で負債の決済を報告期間後少なくとも12ヵ月に わたり延期することのできる権利を企業が有していない。

なお，これら以外の負債（繰延税金負債を含む）はすべて非流動負債とされます。

☞確認問題 問2 に挑戦しよう

図表4-1　正常営業循環（normal operating cycle）

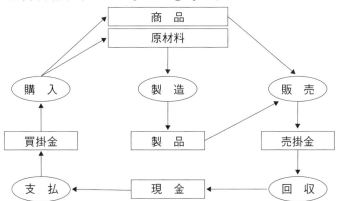

出所：Aerts, W. and Walton, P. (2017) *Global Financial Accounting and Reporting*, Cengage learning, p.124. を筆者が一部修正した。

7 純損益およびその他の包括利益計算書

包括利益とは，純損益にその他の包括利益（OCI）を加算したものです。

包括利益＝純損益＋その他の包括利益（Other Comprehensive Income：OCI）

ここで「その他の包括利益（OCI）」は，他のIFRSが要求または許容するところにより純損益に認識されない収益および費用（組替調整額を含む）をいいます。

かんたんにいうと，包括利益計算書の純利益以外の「資本」の変動要因のこと（たとえば，売買目的以外の資本性金融商品の公正価値の変動および売却損益をその他の包括利益に認識する場合※）です。

※日本では，その他有価証券の公正価値の変動をその他の包括利益として認識します。

図表4-2 一計算書方式と二計算書方式（イメージ）

一計算書方式

純損益およびその他の包括利益計算書	
売上高	xxx
売上原価	xxx
XXX	xxx
・・・	・・・
XXX	xxx
当期純利益	xxx
その他の包括利益	xxx
包括利益合計	xxx
純利益の帰属：	
親会社の所有者	xxx
非支配持分	xxx
包括利益合計の帰属	
親会社の所有者	xxx
非支配持分	xxx

二計算書方式

純損益計算書	
売上高	xxx
売上原価	xxx
XXX	xxx
・・・	・・・
XXX	xxx
当期純利益	xxx
純利益の帰属：	
親会社の所有者	xxx
非支配持分	xxx

包括利益を表示する計算書	
当期純利益	xxx
その他包括利益	xxx
包括利益合計	xxx
包括利益合計の帰属	
親会社の所有者	xxx
非支配持分	xxx

包括利益は，①一計算書方式，②二計算書方式のいずれかで報告されます。

①一計算書方式：純損益の部とその他の包括利益の部の2つの部からなる単一の純損益およびその他の包括利益計算書を表示する方式。

②二計算書方式：純損益の部を独立の純損益計算書に表示し，その直後に包括利益を表示する計算書を表示する方式。

純損益およびその他の包括利益計算書（包括利益計算書）は，純損益の部およびその他の包括利益の部に加えて，次の事項を表示しなければなりません（para.81A）。

①純損益，②その他の包括利益の合計，③当期の包括利益（純損益とその他の包括利益の合計額）。なお，企業が独立の純損益計算書を表示する場合には，包括利益を表示する計算書には純損益の部を表示しないものとされています。

8 純損益の部または純損益計算書の本体に計上すべき項目

他のIFRSで要求している事項に加えて，純損益の部または純損益計算書には，当該期間にかかる次の金額を表す科目を含めなければならないとされます（para.82）。

①収益※1，②償却原価で測定される金融商品の認識の中止により生じる利得および損失※2，③金融費用，④IFRS9のセクション5.5に従って算定した減損損失※3，⑤持分法を適用している関連会社と共同支配企業の損益に対する持分，⑥金融資産が公正価値で測定されるように分類変更した場合に，従前の帳簿価額と分類変更日時点の公正価値との間の差額から生じる利得または損失，⑦金融資産をその他の包括利益を通じた公正価値の測定区分から純損益を通じて公正価値で測定するように分類変更した場合に，過去にその他の包括利益に認識した利得または損失の累計額のうち純損益に振り替えるもの，⑧税金費用，⑨非継続事業の合計に

　企業は，ある期間に認識される収益および費用のすべての項目を，IFRSが別途要求または許容している場合を除いて，純損益に含めなければなりません（para.88）。

　ところで，日本基準による損益計算書では，営業損益，経常損益，特別損益，当期純損益などの段階損益を表示しています。一方，IAS1では段階損益を区分して表示することは要求されていません。

　ただし任意表示することは可能とされます。しかし特別損益を区分して表示することは禁止されています。また当期純損益を親会社株主に帰属する部分と非支配持分に帰属する部分に区分して表示します。

　企業は，財務諸表の利用者が非継続事業および非流動資産の処分による財務上の影響を評価できるような情報の表示および開示をしなければならない（IFRS5, para.30）。

　つまり，非継続事業などの損益を純損益およびその他の包括利益計算書，または注記で開示することを要求しています。

　非継続事業とは，すでに処分されたか，売却目的保有に分類された企業の構成単位で，次のいずれかに該当するものであるとされます（IFRS5, para.32）。

（a）独立の主要な事業分野または営業地域を表す。

（b）独立の主要な事業分野または営業地域を処分する統一された計画の一部である。

（c）転売のみを目的に取得した子会社である。

9 その他の包括利益の部の本体に表示すべき項目

　その他の包括利益の部には，当期の以下の金額にかかる科目を表示します（para.82A）。

①その他の包括利益の項目（②の金額を除く）を性質別に分類し，他のIFRSに従って以下にグループ分けします。

　ⅰ）その後に純損益に振り替えられることのないもの。

　ⅱ）その後に特定の条件を満たしたときに純損益に振り替えられるもの。

②持分法を用いて会計処理する関連会社および共同支配企業のその他の包括利益に対する持分を，他のIFRSに従って，以下の項目に対する持分に区分します。

　ⅰ）その後に純損益に振り替えられることのないもの。

　ⅱ）その後に特定の条件を満たしたときに純損益に振り替えられるもの。

　このように純損益にリサイクリング（組替調整）※される可能性の有無により区分して表示する必要があります。当期包括利益は，親会社株主に帰属する部分と非支配持分に帰属する部分に区分して表示します。

※リサイクリング（**組替調整**）とは，過去にその他の包括利益に認識した金額を純損益に組み替えることをいいます。

　さらにIAS1は非継続事業に関する損益を区分して表示することを要求しています。

10 純損益およびその他の包括利益の計算書または注記に表示すべき情報

　収益または費用の項目に重要性がある場合には，企業はその内容及び金額

を個別に開示しなければなりません（para.97）。たとえば，①たな卸資産の正味実現可能価額への評価減，または有形固定資産の回収可能価額への評価減ならびに当該評価減の戻入れ，②企業の活動のリストラクチャリングおよびリストラクチャリングのコストにかかる引当金の戻入れ，③有形固定資産項目の処分，④投資の処分，⑤非継続事業，⑥訴訟の解決，⑦引当金その他の戻入れ，などがあります。

11 費用の分析

　企業は，純損益に認識した費用の分析を，費用の性質または企業内における機能に基づく分類のうち信頼性が高く目的適合性がより高い情報を提供する方を用いて表示しなければなりません（para.99）。

　すなわち，費用の分析は，①費用性質法と②費用機能法（売上原価法）のうち，信頼性がありより目的適合性の高い情報を提供する方法で報告されます（図表4-3）。

　①費用性質法（nature of expense method）：費用はその性質に従って損益計算書に集計される（たとえば，減価償却費，材料購入高，運送費，

図表4-3　費用性質法と費用機能法

①費用性質法

収益		x
その他の営業収益		x
営業収益合計		x
製品および仕掛品の棚卸増減額	(x)	
原材料および消耗品消費高	(x)	
人件費	(x)	
償却費	(x)	
その他の営業費	(x)	
営業費合計		(x)
営業利益		x

②費用機能法

収益	x
売上原価	(x)
売上総利益	x
その他の営業収益	x
販売費	(x)
管理費	(x)
その他の営業費	(x)
営業利益	x

給料，賃金など）が，機能により再配分はしない。したがって多くの小規模企業で採用が容易であるとされる。

②費用機能法（売上原価法）（function of expense method）：費用をその機能に従って，売上原価，販売または管理活動費に分類する。この方法は，利用者に対し①の方法よりも目的適合性の高い情報を与えるが，原価を機能別に配分する際に，恣意的になる可能性があり，多くの判断が入るといわれる。この方法の場合，償却費，人件費などの費用の性格（性質）に関して追加的に開示する必要があります。また，少なくとも売上原価について他の費用から独立の表示をする必要があります。

☞確認問題 問4 に挑戦しよう

12 持分変動計算書(株主持分変動計算書)

持分変動計算書に記載すべき情報（para.106）

持分変動計算書とは，期首から期末までの持分（equity）の構成要素の変動を表示する計算書をいいます。

企業は持分変動計算書を表示しなければなりません。持分変動計算書には次の情報が含まれます。

①当期の包括利益合計（親会社の株主と非支配持分に帰属する合計額を区別して表示する），②資本の各内訳項目についてIAS8に従って認識した遡及適用または遡及的修正再表示の影響額，③株主持分の各構成要素についての期首と期末の帳簿価額の調整表（純損益，その他の包括利益，所有者との取引）

13 持分変動計算書または注記に記載すべき情報

　株主への配当金額および1株あたりの配当金額は，所有者との取引（資本取引）であるため持分変動計算書（株主持分変動計算書）の本体または注記のいずれかで開示します（para.107）。当期包括利益の合計は，親会社の株主に帰属する持分と非支配持分に区分して表示する必要があります。

14 キャッシュ・フロー計算書(第6章を参照)

　キャッシュ・フロー情報は財務諸表の利用者に，当該企業の現金および現金同等物を生み出す能力ならびに企業が当該キャッシュ・フローを利用するニーズを評価するための基礎を提供します（para.111）。

15 財務諸表の注記

(1) 注記すべき情報

　注記は次のとおりです（para.112）。
①財務諸表の作成の基礎および使用した具体的な会計方針に関する情報を表示する。
②IFRSで要求している情報のうち，財務諸表のどこにも表示されていないものを開示する。
③財務諸表のどこにも表示されていないが，財務諸表の理解への目的適合性がある情報を提供する。

(2) 注記の順序

　純損益およびその他の包括利益の計算書と財政状態計算書における表示項目の順序はたとえば，①企業情報，②IFRSに準拠している旨の記述，③適用している重要な会計方針の要約，④財政状態計算書，純損益およびその他の包括利益の計算書，持分変動計算書およびキャッシュ・フロー計算書に表示した項目について裏づけとなる情報，⑤その他の開示事項（偶発事象，未認識の契約上のコミットメント，金融リスク管理目標および方針などの非財務開示事項，の順に従います（para.114）。

【応用論点】　リサイクリングのメリットとデメリット

　リサイクリング（組替調整）のメリットは資本市場参加者に有用な情報を提供することとされます。

　一方，リサイクリング（組替調整）のデメリットは売却可能有価証券（FVOCI）の選択的売却が行われる恐れがあること，純損益を通じて公正価値で測定する金融資産（FVPL）の未実現の評価差額について利益マネジメントが生じる恐れがあること，減損損失の認識を回避する目的で利用される恐れが生じること，があげられています。

Column

見積りの不確実性の発生要因

　企業は，報告期間の末日における，将来に関して行う仮定および見積りの不確実性の他の主要な発生要因のうち，翌事業年度中に資産および負債の帳簿価額に重要性がある修正を生じる重大なリスクがあるものに関する情報を開示しなければならないとされます（para.125）。

　当該資産および負債に関して，注記には①その性質，②報告期間の期末日現在の帳簿価額の詳細を記載しなければなりません（para.125）。

　IAS1のこの規定をもとに，日本でも2021年3月期から会計上の見積りの開示が行われています。

📖 発展学習　基本財務諸表プロジェクト

　IASBは2015年から純損益計算書に含まれる情報に重点をおいて，財務諸表における情報の伝達方法を改善する目的で基本財務諸表プロジェクトに取り組んでいます。

　IASBは，①純損益計算書に定義された小計を追加表示すること，②分解表示に関する要求事項を強化すること，③注記に経営者業績指標（Management Performance Measure; MPM）に関する情報を開示することを公開草案で提案しています。

　純損益計算書で現在，収益と当期純利益は規定されているが，さらに（1）営業利益，（2）営業利益ならびに不可分の関連会社および共同支配企業から生じる収益および費用，（3）財務および法人所得税前利益の3つの小計を追加することを公開草案で提案しています。

　その後，純損益計算書に（1）営業損益，（2）財務および法人所得税前利益などの小計を表示すること，純損益計算書における営業区分，投資区分および財務区分にどのような収益および費用を含めるかなどについて2023年1月時点で議論が行われています。

確 認 問 題

問1　次のうち，完全な1組の財務諸表に含まれるものをすべて選びなさい。

> Ⅰ環境報告書　Ⅱ期末財政状態計算書　Ⅲキャッシュ・フロー計算書
> Ⅳ純損益およびその他の包括利益計算書　Ⅴ持分変動計算書
> Ⅵ経営者による討議と分析（MD＆A）　Ⅶ注記

問2　次の文章の空欄（　）にふさわしい語句を答えなさい。

　　長期の利付き負債で企業の意思により借換えまたは期限延長が予測される場合には，たとえその期限が12ヵ月以内になっても（　　　　）負債として分類する。

問3　Z社の個別貸借対照表項目に関するデータ（下記の①〜③）に基づき，同社の貸借対照表における資産と負債の表示金額を計算しなさい。

①Z社は，定期預金を銀行に2,000預けているが，当座借越の枠が1,000あり，期末に当座借越で500借りている。

②同社は，銀行から2.5％の金利で300借り入れ，子会社に3.0％の金利で300貸した。

③同社は，売掛金3,000に対して，貸倒引当金100を設定している。

ヒント：原則として資産と負債を相殺してはいけない。しかし，資産を評価性引当金（例：貸倒引当金）控除後の純額で報告することは相殺ではない（IAS1, para.33）。

問4　損益計算書における費用の表示について，①〜④のうち正しいものを1つ選びなさい。

①費用については，その性質による分類表示だけが認められる。

②費用については，その企業内における機能による分類表示だけが認められる。

③費用を性質によって分類している企業は費用の機能による分類情報を追加的に開示する。

④費用を機能によって分類している企業は費用の性質に関する情報を追加的に開示する。

応 用 問 題

問い 持分変動計算書と財政状態計算書および純損益およびその他の包括利益計算書の関係について説明しなさい。

発 展 課 題

[課題1] 国際会計基準審議会（IASB）が取り組んだ「基本財務諸表」プロジェクトについて調べてみよう。

[課題2] 特別損益項目を区分して表示するのを支持する根拠と，支持しない根拠をそれぞれ示しなさい。

[課題3] 非継続事業に関する損益を損益計算書上で区分して表示する意義について述べなさい。

第5章

たな卸資産（IAS2）

✏️ **事前学習**（この章の学習をする前に取り組んでみましょう）

[問い] 商品の在庫を効率的に管理することはお店の業績にどのような
点でプラスになるか考えてまとめてみよう

1 たな卸資産（inventories）とは

　たな卸資産とは，簡単にいうと，スーパーやコンビニ，デパートなどで販売されている商品のことと考えてください。

　国際会計基準（IAS2）は，たな卸資産を保有している会社（お店）の会計処理を規定しています。

　国際会計基準（IAS2）は，たな卸資産を次のような資産と**定義**しています（para.6）。

　①通常の事業の過程において販売を目的として保有されるもの。

　②そのような販売を目的とする生産の過程にあるもの。

　③生産過程やサービスの提供にあたって消費される原材料または貯蔵品。

　国際会計基準（IAS2）でたな卸資産に含まれるものとして，たとえば，①（小売業者などが再販売用に保有する）**商品**（販売用不動産を含む），②（企業が生産した）**完成品**，③（生産段階にある）**仕掛品**，④（生産過程で使用するために保有されている）**原材料**，および⑤**貯蔵品**があります。さらに，財務諸表には計上されませんが，たな卸資産にサービスが含まれる場合があります。これは**企業が収益を未だ認識していないサービス提供の原価**といわれます。

　近年，たな卸資産の管理にAI（人工知能）を導入している企業が増えてきています。たな卸資産のマネジメントにAIを有効に活用することで在庫水準の最適化や在庫費用の最小化や収益性の向上が期待できます。パイオニアとされるアマゾンは顧客の需要予測，サプライヤーのバックオーダー（取り寄せ），倉庫の有効活用，および在庫水準の最適化などにAIを活用しています。

　セブン-イレブン・ジャパンは2023年からAIによる発注支援システムを全

店に導入しており，フランチャイズチェーン（FC）加盟店の発注作業時間を約40％削減しました。AIの活用で発注精度を高めたり，現場の業務を効率化して１店舗あたり売上高（平均日販）を高めようとしています。

ファミリーマートもAIが発注を助言する仕組みを2023年に全国５千店に導入しています。

☞確認問題 問1 に挑戦しよう

2 たな卸資産の原価

会社（お店）がお客様に販売するために入手した，たな卸資産の原価には，①購入原価（購入代価に運送費などの付随費用を加えて計算），②加工費（これには直接労務費，固定製造間接費，変動製造間接費が含まれる），③その他のコスト（これにはたな卸資産が現在の場所および状態に至るまでに発生した原価が含まれる）※，のすべてが含まれます（para.10）。
※その他のコストには借入コスト［国際会計基準（IAS23）の要件を満たす場合のみ原価に加算される］が含まれることがある。

3 たな卸資産の原価配分方法

国際会計基準（IAS2）は，たな卸資産の原価配分方法として，個別法，先入先出法，加重平均法，売価還元法（適用結果が原価と近似する場合のみ）をあげています。

このうち，ⅰ）①互換性のないたな卸資産や②特定のプロジェクトのために製造され，他のたな卸資産と区別されている財貨またはサービスについては個別法を適用する（para.23）。

一方，ⅱ）上記ⅰ）の①，②以外のたな卸資産については，先入先出法ま

たは加重平均法を適用することになっています（para.25）。それでは，国際会計基準（IAS2）で認められている4つの原価配分方法について，確認しておきましょう。

✏️**確認しよう**

①個別法：特定の原価を特定のたな卸資産に直接帰属させる方法。

②先入先出法：先に購入したものから先に販売され，期末時点でたな卸資産の在庫になるものは，最も直近に購入したものからなると仮定して原価配分する方法。

③加重平均法：類似品種の期首の原価と期中に購入したものの原価との加重平均により，個々の原価が算定される方法。

④後入先出法：後に購入されたものから先に販売され，販売時点でたな卸資産の在庫になるものは，先に購入されたものからなると仮定する方法。

※後入先出法は，国際会計基準（IAS2）で適用が禁止されているので注意しよう！

4 たな卸資産の期末評価

会社（お店）がお客様に販売するために入手した，たな卸資産が売れないまま決算日をむかえたとき，次のような会計処理を行います。

たな卸資産の評価：原価と正味実現可能価額とのいずれか低い方の金額で測定する**低価法**（低価基準ともよばれる）の適用が強制される（para.9）。

つまり，売れ残った在庫の商品は，（最初に仕入れた金額である）取得原価と決算時の時価のうちのいずれか低い方の金額で計上しなければなりません。これを低価法といいます。

その根拠として，資産をその販売または利用によって実現すると見込まれる額を超えて評価すべきでないという考え方によります（para.28）。

5 正味実現可能価額

　正味実現可能価額（net realizable value）とは，通常の事業の過程における予想売価から，完成までに要する見積原価および販売に要する見積費用を控除した額をいいます。

　簡単にいうと，たな卸資産を売却する際の時価（売却時価）のことと考えてください。

✏ 確認しよう　正味実現可能価額（NRV）

$$
\boxed{\begin{array}{c}\text{正味実現}\\\text{可能価額}\\\text{（NRV）}\end{array}} = \boxed{\text{予想売価}} - \boxed{\begin{array}{c}\text{完成までの見積原価}\\\text{および}\\\text{販売に要する見積費用}\end{array}}
$$

　次の①〜⑤などの原因により，たな卸資産の正味実現可能価額が原価より低下した場合には，たな卸資産を原価から正味実現可能価額まで評価減します。

> ①品質の低下，②全部または一部が陳腐化したとき，③販売価格が下落したとき，④完成に必要な見積原価が増加したとき，⑤販売に要する見積費用が増加したとき。

　ここで陳腐化とは，在庫の商品が流行遅れになったことをいいます。

※なお，正味実現可能価額については，新たな評価を次期以降，毎期行います（para.33）。

　☞確認問題 問2 に挑戦しよう

　それでは，低価法の会計処理について，設例に基づいて学習していきましょう。

製品X・Y・ZはビールメーカーA社の主力商品である。これらは女性消費者
をターゲットとしてt1期期首に発売された製品であり，主に関東地方にて製造販
売されている。これらは主要材料である麦の種類は異なるが生産ラインが同一で
あるため製造単価を個別に算定することは実務上困難である。t2期期末における
各製品の帳簿価額，正味実現可能価額は次のとおりである。なお，販売価額は同
じである。表の空欄を記入して，たな卸資産に関する仕訳を行いなさい。

製品	製造単価	t2期期末数量	帳簿価額	正味実現可能価額	評価損
x	50	5	250	200	(①)
y	50	6	300	240	(②)
z	50	7	350	280	(③)
合計		18	900	720	(④)

出所：広瀬義州・間島進吾（2000）『コンメンタール国際会計基準4』税務経理協会。

解答欄

（借）   （貸）

考え方

製品X，製品Y，製品Zのそれぞれについて，帳簿価額と正味実現可能価額を
比べて評価損を計算します。

会計処理の考え方

まず，表から製品Xは帳簿価額が250に対して正味実現可能価額が200となって
いるので評価損①50を記入します。同様に，製品Yは評価損②60を製品Zは評価
損③70をそれぞれ記入します。この結果，評価損④は180となります。

評価損④の金額に基づいて，解答欄に（借）製品評価損引当金繰入180（貸）
製品評価損引当金180を記入します。

✏️ **確認しよう**

・再調達原価（replacement cost）：保有中の資産と同じものを市場から取得して
取り替えるのに要する支出額のこと。

・洗替法：低価法を採用する際に，いったん前期の評価損を戻し入れてから取得

時の原価と期末時価とを比較する方法のこと。一方，低価法を採用する際に前期の評価損を戻し入れない処理を切放し法という。

なお，国際会計基準（IAS2）では，切放し法は認められていません。

◆ケーススタディ[1]

作業服大手のワークマンはAIを使った商品の発注システムを導入しています。これによるメリットと会社の業績にどのような影響が生じるか考えてみよう。

　→解答例66頁

6 たな卸資産の費用認識

　販売されたたな卸資産の帳簿価額は費用として認識され，たな卸資産の評価減などの損失は発生した期間に費用として認識します。また，たな卸資産の評価減後，正味実現可能価額が上昇した場合は，評価減の戻入れを行い，たな卸資産に関する費用の減少として認識します。

　☞確認問題 問3 に挑戦しよう

7 開示

たな卸資産に関する開示項目を例示します（para.36）。

①たな卸資産の測定にあたって採用した会計方針（原価配分方法を含む）。

②たな卸資産の帳簿価額の合計額およびその企業に適した分類ごとの帳簿価額。

③売却コスト控除後の公正価値で計上したたな卸資産の帳簿価額。

④期中に費用に認識したたな卸資産の額。

⑤期中に費用に認識したたな卸資産の評価減の金額。

⑥評価減の戻入れ額。

⑦評価減の戻入れをする原因となった状況および事象。

⑧負債の担保として差し入れたたな卸資産の帳簿価額。

◆ケーススタディ[2]

　セブン-イレブン・ジャパンは店舗運営を効率化するためにどのような取り組みを行っていますか。調べてまとめてみよう。

　→解答例66頁

8 わが国会計基準とのコンバージェンスの状況

　わが国では，企業会計基準第9号「棚卸資産の評価に関する会計基準」により，平成20年4月1日以後に開始する年度から，通常の販売目的で保有するたな卸資産について，期末の正味売却価額が取得原価より下落している場合は，その正味売却価額をもって貸借対照表への計上額とするものとして，低価法（低価基準）の適用を強制しています。

　低価法に移行する前は，たな卸資産の期末評価方法を各企業が任意に選択できたため，約7割の企業が原価基準を採用し，たな卸資産に含み損失が生じた場合も評価損の計上を先送りしているケースが報告されていました。

　その後，平成20年9月に公表された企業会計基準第9号「棚卸資産の評価に関する会計基準」の改正により，新たにたな卸資産の評価方法に関する規定などが設けられました。

　これに伴い，平成22年4月1日以後に開始する事業年度から後入先出法が廃止されています。

　コンバージェンスの結果，たな卸資産の取得原価は，かつては名目上の取得原価を意味していたが，現在では回収可能な原価，すなわち将来収益を生み出す原価を意味するようになりました。

　そして取得原価の意味が回収可能な原価，すなわち将来の収益を生み出す

原価に変容したため，たな卸資産の収益性が低下した場合は，原価基準のもとで帳簿価額の切下げが強制されるようになりました。

　なお，わが国の会計基準には，国際会計基準（IAS2）には規定のおかれていない**トレーディング目的で保有するたな卸資産**の区分が設けられています。これは，企業が当初から加工や販売の努力を行う意図をもたず，単に市場価格の変動によって利益を得る目的でたな卸資産を保有している場合をいい，たとえば金の取引市場のように，その資産が活発に取引されるように整備された組織的な市場の存在が前提となります。

発展学習　暗号資産の保有

　IASBは暗号資産が通常の事業の過程で販売を目的として保有されている場合には，IAS2が適用されると2019年6月に結論を下しています。

確 認 問 題

問1　次のうち国際会計基準（IAS2）のたな卸資産に含まれるものをすべて選びなさい。

> a 原材料　b 仕掛品　c 金融商品　d 請負工事契約のもとで発生する未成工事原価
> e 企業が収益を未だ認識していないサービス提供の原価　f 商品　g 製品
> h 貯蔵品　i 農林生産物

問2　たな卸資産の評価方法について，（　）内から正しいものを1つ選び〇で囲みなさい。
　　たな卸資産は（取得原価・正味実現可能価額・低価法）で評価しなければならない。

問3　たな卸資産を取得原価以下に評価減する原因となった状況が存在しなくなった場合，どのような会計処理を行いますか。正しいものを1つ選びなさい。

①正味実現可能価額が回復しても，たな卸資産の評価減の戻入れをしてはならない。

②毎期末，前期末のたな卸資産の評価減を戻し入れ，また改めて低価法を適用する。

③正味実現可能価額が取得原価を上回るまで回復した場合は，戻入れを行う。

|問4| たな卸資産の評価に低価法が強制される根拠を説明しなさい。

発 展 課 題

[課題]　わが国のたな卸資産に関する会計基準について調べ，国際会計基準（IAS2）と違う点をまとめてみよう。

◆ケーススタディ[1]の解答例

・無駄な在庫を増やさずに欠品率を下げて売上を増やすことができる

・発注に要する時間や手間を減らせる

・仕入れた商品を販売するまでの期間を示す，たな卸資産回転日数を短くできる。

◆ケーススタディ[2]の解答例

・AIによる発注支援システムの導入により発注作業時間を約40％削減している。

・商品1つごとに検品していたのを一定程度をまとめてバーコードで読み取る方式に変更して作業時間を10分の1に短縮している。

・2025年までにスマホで商品をスキャンし，クレジットカードなどで決済するスマホレジをほぼ全店で導入する予定。

・業務の効率化で生じた時間を売り場づくりの計画や中期販売計画作成にあてて，売上高の増加につなげている。

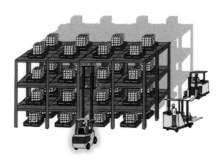

No.014
2023.10.30　📖 **NEWS**

おかげさまで創業128年
同文舘出版

AIによるESG評価
―モデル構築と情報開示分析―

中尾悠利子・石野亜耶・國部克彦 著

膨大なESG情報を AIで収集するだけでなく、その特徴を分析して理解を深め、多様な投資家ニーズを反映したESG評価モデルの推定など、様々な場面での革新的な展開を検討する。

発行日	2023年 10 月10日	価格	4,730円

A5判上製・288頁

監査役の矜持
―曲突徙薪に恩沢なく―

岡田譲治・加藤裕則 著

世の中は、災難を未然に防ぐより起きてから派手に立ち振る舞う人を優遇しがちだ。監査役とはなんなのか？ 頻発する企業不祥事、ガバナンス改革を検証し、その役割をあらためて考える！

発行日	2023年 10 月10日	価格	2,640円

A5変型判並製・298頁

「監査役のヒーローはいらないんです」

🔍 https://www.dobunkan.co.jp/

〒101-0051　東京都千代田区神田神保町1-41
TEL 03-3294-1801 / FAX 03-3294-1807

※価格は税込（10%）

日本監査研究学会リサーチ・シリーズXXI
監査人のローテーションに関する研究

浅野信博 編著

監査人の独立性の確保・強化のために導入が検討されている監査法人の強制的交替について、制度や経済モデル、そして実証研究等、多角的にレビューした上で課題と展望を提示する。

| 発行日 | 2023年8月30日 | 価格 | 4,070円 | 判型 | A5判上製・248頁 |

金融資産の認識中止に関する会計基準
―設定根拠と変化の経路―

威知謙豪 著

米国・英国・日本の基準や IFRS を対象に、現在までの金融資産の認識中止に関する会計基準の設定をめぐる検討内容を整理し、その背景と根拠を考察し、日本での展開を検討する。

| 発行日 | 2023年8月30日 | 価格 | 4,840円 | 判型 | A5判上製・340頁 |

ここがポイント！
地方独立行政法人会計の実務ガイド
―一般型・公立大学法人・公営企業型の法人別解説―

有限責任監査法人トーマツ 著

2022年8月に地方独立行政法人会計基準が改訂され、2024年度から適用が開始される。地方独立行政法人が直面する課題と基準改訂への実務対応のポイントがこの一冊でわかる！

| 発行日 | 2023年9月20日 | 価格 | 4,840円 | 判型 | A5判並製・256頁 |

ビジネス会計検定試験®
対策問題集３級（第５版）

ビジネスアカウンティング研究会 編

財務諸表に関する知識や分析力をはかることを目的に開発された検定試験用の問題集。繰り返し問題を解き解説を読むことで、試験対策というだけでなく実務に役立つ会計力が身につく！

| 発行日 | 2023年9月10日 | 価格 | 2,200円 | 判型 | A5判並製・184頁 |

第6章

キャッシュ・フロー計算書 (IAS7)

1 キャッシュ・フロー計算書とは

キャッシュ・フロー計算書は，現金および現金同等物（Cash and Cash Equivalents）の期中における増減を，営業・投資・財務の３つの活動に区分して報告するものをいいます（para.10）。

Column

日本のキャッシュ・フロー計算書

日本でも2000年３月期から，貸借対照表および損益計算書と同様の基本財務諸表の１つとして連結キャッシュ・フロー計算書の作成が義務づけられています（公認会計士監査の対象とされています）。

---

2 キャッシュ・フロー情報のメリット

キャッシュ・フロー情報には，次の３つのメリットがあるといわれています。

①企業が現金および現金同等物を獲得する能力をどの程度もっているかを評価できる。

②企業価値を将来キャッシュ・フローの現在価値から評価するための情報を提供する。

③企業間の業績の比較可能性を高める。

Column

キャッシュ・フロー計算書に関する議論

「利益はオピニオン，キャッシュは事実」という格言がありますが，キャッシ

ュ・フロー情報と損益計算書の利益情報のどちらが投資家にとって有用であるか
という議論が活発に行われていたといわれます。

3 キャッシュ・フロー計算書の資金概念

キャッシュ・フロー計算書の資金に含まれるものとして，**現金**および**現金
同等物**の2つがあります（para.6）。これらについて，確認しておきましょう。

・**現金**（cash）：手許現金（cash on hand）および要 求 払 預金（demand
deposits）を含む。ここで要求払預金とは，普通預金，当座預金等，す
ぐに引き出すことのできる預金のことをいう。

・**現金同等物**（cash equivalents）：短期の流動性の高い投資であり，容易
に一定額の現金に換金可能であり，かつ，価格変動リスクがほとんどな
いもの。一般に，取得日から満期までの期間が3ヵ月以内の定期預金，
通知預金，取得日から満期まで3ヵ月以内の公社債・公社債投資信託等
は現金同等物とみなされる。

・**負の現金同等物**：会社が総合的な資金管理（Cash Management）の一
環として当座借越を利用している場合は，一時的に借越の状態になって
いても，借入金に振り替えずに現金および現金同等物の構成要素とする
ことが認められる。

現金同等物がプラスの場合だけでなく，負の現金同等物の場合にも，現金
とともにキャッシュ・フロー計算書の資金に含めていきますので注意してく
ださい。

確認しよう　キャッシュ・フローとは

キャッシュ・フローとは，現金および現金同等物に増減をもたらす現金および現
金同等物の流入（inflows）および流出（outflows）をいいます。

したがって現金および現金同等物相互間の取引にかかる収入や支出はキャッシュ・フローには含まれません。たとえば，企業が保有する3ヵ月以内に満期が到来する定期預金を現金に換金した場合がこれにあたります。

☞確認問題 問1 に挑戦しよう

4 キャッシュ・フロー計算書の作成

キャッシュ・フロー計算書は，期中のキャッシュ・フローを①**営業活動**，②**投資活動**および③**財務活動**に区分して表示する形式で作成されます（paras.13-17）。

(1) 営業活動（operating activities）によるキャッシュ・フロー

この区分には，①企業の主たる収益を獲得するための活動から生じる入出金と，②投資活動・財務活動とは認定されない活動から生じる入出金が含まれます。

営業活動によるキャッシュ・フローの金額は，企業が営業活動によって，外部からの資金調達に頼ることなく，借入金の返済，営業能力の維持，配当金支払い，さらには新規投資を行うために，どの程度のキャッシュ・フローを獲得したかを示しています。

なお，日本では，営業活動によるキャッシュ・フローの区分に純粋な営業活動によるキャッシュ・フローを表示するために小計欄が設けられています。

☞確認問題 問2 に挑戦しよう

(2) 投資活動（investing activities）によるキャッシュ・フロー

この区分には，長期資産（有形固定資産，無形固定資産など）および現金同等物に含まれない投資の取得および処分が含まれます。投資活動によるキャッシュ・フローの金額は，企業が将来の利益およびキャッシュ・フローを

獲得することを目的として，どの程度の資金を投下したか，あるいは投下した元本からどの程度の資金を獲得したかを示しています。

(3) 財務活動（financing activities）によるキャッシュ・フロー

この区分には，資本項目および借入金，社債等の調達資金の増減，構成変動による入出金が含まれます。財務活動によるキャッシュ・フローの金額は，企業が営業活動および投資活動を行うための資金を，どのような形でいくら調達（返済）したかを示しています。

☞確認問題 問3 に挑戦しよう

5 直接法および間接法

営業活動によるキャッシュ・フローの表示については，直接法（direct method）が望ましいとされています。間接法（indirect method）によることも認められています。なお，投資活動および財務活動によるキャッシュ・フローについては，間接法は認められません。

①直接法：主要項目ごとに入金額と出金額を総額で表示する方法をいいます（para.18）。

図表6-1　直接法

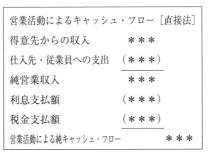

営業活動によるキャッシュ・フロー［直接法］	
得意先からの収入	＊＊＊
仕入先・従業員への支出	（＊＊＊）
純営業収入	＊＊＊
利息支払額	（＊＊＊）
税金支払額	（＊＊＊）
営業活動による純キャッシュ・フロー	＊＊＊

直接法は，営業活動によるキャッシュ・フローが総額で表示され，収入・支出の構成が明確に示される点が長所とされています。

②間接法：純損益に次の項目を加減して算出します（para.18）。

　i）キャッシュ・フローを伴わない損益項目（減価償却費，各種引当金繰入額，評価損益）。

　ii）将来または過去の営業活動のキャッシュ・フローの繰延べ・見越し計上（営業債権，債務およびたな卸資産の増減額）。

　iii）投資・財務活動関連損益。

図表6-2　間接法

営業活動によるキャッシュ・フロー［間接法］	
当期純利益	＊＊＊
調整：	
減価償却費	＊＊＊
為替差損	＊＊＊
持分法投資利益	（＊＊＊）
営業債権の増加	（＊＊＊）
棚卸資産の減少	＊＊＊
営業債務の減少	（＊＊＊）
純営業収入	＊＊＊
利息支払額	（＊＊＊）
税金支払額	（＊＊＊）
営業活動による純キャッシュ・フロー	＊＊＊

　間接法は，純利益とキャッシュ・フローとの関係が明示される点と，一部のキャッシュ・フローに関する基礎データを用意する必要がなく実務上簡便である点が長所とされています。

　☞確認問題 問4 に挑戦しよう

6 個別項目の取扱い

(1) 外貨建のキャッシュ・フロー

外貨建取引によって生じるキャッシュ・フロー（foreign currency cash flow）は，外貨額にキャッシュ・フローの発生日の為替レートを適用して，機能通貨によって記録されなければなりません（para.25）。また，在外子会社のキャッシュ・フローは，発生日の機能通貨と外貨の間の為替レートによって換算しなければなりません（para.26）。

→IAS21と整合した方法で処理します。

(2) 利息および配当金

利息および配当金（Interest and dividends）の分類方法には，いくつかの選択が認められています。選択した分類方法は毎期継続して採用する必要があります。

受取利息，受取配当金，支払利息および支払配当金にかかわるキャッシュ・フローは，キャッシュ・フロー計算書上に別個に開示されることになりますが，営業，投資および財務のいずれの活動区分に分類するかについて，分類方法が選択できる場合があります。

ただし，金融機関においては，通常は営業活動によるキャッシュ・フローとして分類されます（para.33）。

支払利息，受取利息および受取配当金について，国際会計基準では次の2通りの分類方法が認められています。

- **第一法**：支払利息，受取利息および受取配当金を営業活動によるキャッシュ・フローに含めて表示する方法（これらの計算が純損益の算定に関連するものであるとする考え方）。
- **第二法**：支払利息を財務活動によるキャッシュ・フロー，受取利息と受

取配当金を投資活動によるキャッシュ・フローに含めて表示する方法（これらを金融資源の獲得コストまたは投資収益であるとする考え方）。

一方，支払配当金については，次の2通りの分類方法が認められています。
・**第一法**：財務活動によるキャッシュ・フローに含めて表示する方法（株主からの払込資本金という金融資源を獲得するためのコストであるとする考え方）。
・**第二法**：営業活動によるキャッシュ・フローに含めて表示する方法（企業が営業上のキャッシュ・フローから配当金を支払う能力を明示するという考え方）。

このように利息および配当金の分類方法を表にまとめると図表6-3のようになります。

図表6-3　利息および配当金の分類方法

	第一法	第二法
支払利息	営業活動	財務活動
受取利息	営業活動	投資活動
受取配当金	営業活動	投資活動
	第一法	第二法
支払配当金	財務活動	営業活動

(3) 法人税等

法人税等から生じたキャッシュ・フローは区別して開示し，財務活動および投資活動に明確に関連づけできる場合を除き，原則として営業活動によるキャッシュ・フローに分類します（para.35）。

(4) 子会社その他の事業体の取得と処分

子会社その他の事業単位の取得および処分は，投資活動によるキャッシュ・フローに分類し，さらに独立の項目として開示しなければなりません（para.39）。なお，これに関して，キャッシュ・フロー計算書の本体および注記において開示すべき項目は，IAS7の40項を参照してください。

(5) 非資金取引

現金及び現金同等物の使用を必要としない投資および財務取引（Non-cash transaction）は，キャッシュ・フロー計算書に表示されないが，適切な注記が求められます。

［例］①リースによる資産の取得。

②株式の発行による企業の取得（株式発行による資産の取得や合併など）。

③負債の資本への転換（新株予約権〔転換社債〕の株式への転換など）。

(6) 財務活動から生じた負債の変動

企業は，財務活動から生じた負債の変動を，財務諸表利用者が評価できるようにする開示を提供しなければならない。

(7) その他の開示事項

現金および現金同等物の構成要素と報告企業（企業集団）が利用できない現金および現金同等物（たとえば，海外子会社が保有する現金または現金同等物であって，為替管理等の通貨交換制限のために親会社〔企業集団〕に自由に送金できない場合など）について開示します。

非継続事業の区分が存在する場合には，非継続事業の営業活動，投資活動，財務活動に帰属する正味のキャッシュ・フローをキャッシュ・フロー計算書上または注記で開示しなければならない（IFRS5, para.33（c））。

7 まとめ

　キャッシュ・フロー計算書で提供されるキャッシュに関する情報は損益計算書の利益情報を所与として，それを上回る投資意思決定に有用な会計情報を提供していることが実証されています。

発展学習　基本財務諸表プロジェクトの動向

　基本財務諸表プロジェクトはキャッシュ・フロー計算書の表示の見直しについても①間接法の調整表における単一の出発点を「営業利益」とする，②利息および配当の分類における選択肢を排除する，という提案を公開草案で行っています。

　このうち②について，改正案では，大多数の企業について**支払利息は財務活動によるキャッシュ・フロー，受取利息は投資活動によるキャッシュ・フロー，受取配当金は投資活動によるキャッシュ・フロー，支払配当金は財務活動によるキャッシュ・フロー**に表示することを公開草案で提案しています。2023年1月時点で審議が続けられています。

問1 P社は現金で来月満期となる6ヵ月物の短期国債を購入した。当期のキャッシュ・フロー計算書で，この購入金額はどのように取り扱われますか。下記から1つ選びなさい。

> 営業活動による資金の流出　投資活動による資金の流出
>
> 財務活動による資金の流出　資金の流出入に影響しない

問2 K社の20X5年度のデータは下記のとおりである。キャッシュ・フロー計算書における営業活動による正味キャッシュ・フローの金額を計算しなさい（単位：千円）。

> 税引前当期純利益8,600　減価償却費800　棚卸資産の増加額600
>
> 営業債権の減少額700　営業債務の増加額500　法人税等支払額3,200

問3 次の①から⑦は営業活動，投資活動，財務活動のうち，どの区分に表示されるか分類しなさい。
①税引前利益 105,000
②減価償却費 20,000
③有形固定資産の売却からの収入 150,000
④長期の借入金の増加 150,000
⑤営業債権の減少 94,000
⑥法人税等 43,000
⑦社債の償還のための支出 350,000

問4 次の文章について，（　）内から正しいものを1つ選び○で囲みなさい。
　キャッシュ・フロー計算書の作成方法については，（営業活動区分，投資活動区分，財務活動区分，すべての区分）に対して直接法・間接法の両方が認められている。

応 用 問 題

問い 日本基準のもとで，親会社の連結の範囲に変更を伴わない子会社株式の取得に
よる支出および子会社株式の売却による収入は，連結キャッシュ・フロー計算書
で営業活動，投資活動，財務活動のうち，どの区分に表示するか答えなさい。

発 展 課 題

[課題] あなたはキャッシュ・フロー情報と損益計算書の利益情報のどちらが投資家
にとってより有用であると考えますか。その理由もあげてください。

第7章

法人所得税（IAS12）

✏️**事前学習**（この章の学習をする前に取り組んでみましょう）

[問い] 税効果会計について，あなたが知っていること（または調べて
わかったこと）をまとめてみよう。

1 法人所得税とは

　IAS12は，法人所得税の会計処理を規定しています。**法人所得税**（Income Taxes）とは，課税所得を課税標準として課される国内および国外のすべての税金をいいます（para.2）。日本では，法人税，法人所得税，法人住民税が該当します。

　なお，法人住民税のうち，均等割税額は課税所得を課税標準とするものではないためIAS12の法人所得税の定義に該当せず，法人所得税の範囲に含まれません。IAS適用上，販売費および一般管理費（租税公課）として会計処理が行われます。法人事業税のうち，資本割税額は法人所得税に該当せず，販売費および一般管理費（租税公課）として会計処理されます。付加価値割税額は見解が別れており，①単年度の損益部分を法人所得税と考える，②法人所得税以外の適切な科目（租税公課）に表示する，のいずれかを選択します。

　一方，法人の所得を課税対象としていない消費税，地価税，印紙税，固定資産税，関税等の税は法人所得税には含まれません。

　IAS12で規定する法人所得税は，**当期税金**（current tax）と**繰延税金**（deferred tax）から構成されます※。このうち当期税金は，当期の法人所得に対して課税される税金で，繰延税金は，税効果会計の適用によって認識，測定される税金です。

※なお，日本基準では損益計算書上で当期税金ではなく，法人税，住民税および事業税（法人税等還付税額），繰延税金ではなく法人税等調整額とそれぞれ表示されています。

📖参考 税効果会計の前提

　法人所得税は，企業によって負担されるべき費用と考えられています。したがって発生主義会計においては，法人所得税は他の費用項目と同様に，費用収益対応の原則によって，その課税対象となった収益および費用と同一の期間に計上されるべきであり，そのために法人所得税を，それと対応関係のある税引前当期純利益が計上される期間に配分する必要があります。このような法人所得税の期間配分手続を日本では税効果会計とよんでいます。

2 当期税金資産・負債の認識

　当期税金（current tax）とは当期の課税所得（or 税務上の欠損金）について納付すべき（or 還付される）法人所得税額です。当期税金は課税所得に実効税率をかけて計算します。

(1) 法人所得税の処理─中間申告のとき

　中間申告とは，年1回決算の会社が，期首より6ヵ月を経過後，2ヵ月以内に，前年度の法人税額の1/2か，6ヵ月を1事業年度とした仮決算を行って算出した6ヵ月分の法人所得税額を申告することをいいます。

【設例①】───────────────────────────────
　中間申告で400を支払ったときの仕訳を示しなさい。

【解答欄】
　（借）　　　　　　　　　　　　（貸）

【会計処理の考え方】
　ここでは仮払法人所得税等勘定を使って，次のように仕訳をします。
　（借）仮払法人所得税等　400　（貸）現金　400

───────────────────────────────────────

(2) 法人所得税の処理─決算のとき

　決算のときに，中間納付額を仮払法人所得税等勘定から法人所得税等勘定に振り替えるとともに，税引前当期純利益に基づいて計算した法人所得税額から中間納付額を差し引いた残額を未払法人所得税等勘定（負債の勘定）の貸方に記入します。

決算時に当期税金として法人所得税700を認識する場合（ただし中間申告により400は納付済であるものとする）の仕訳を示しなさい。

解答欄

　　（借）　　　　　　　　　　　　　　（貸）

　　　　　　　　　　　　　　　　　　　（〃）

会計処理の考え方

　上記の説明のとおり，借方に法人所得税等勘定を計上し，貸方に仮払法人所得税等勘定を振り替えるとともに，差額を未払法人所得税等勘定に計上します。

　（借）法人所得税等　700　（貸）仮払法人所得税等　400
　　　　　　　　　　　　　　　（〃）未払法人所得税等　300

　なお，中間納付額＞法人所得税額の場合や，欠損金の繰戻がある場合は，未収還付法人所得税等勘定の借方に記入します。

---

3 会計上と税務上の差異

（1）一時差異の把握

　企業会計と課税所得計算は，それぞれ計算を行う目的が異なるため，同一の取引に対して適用される会計上の処理方法と，税務上の処理方法が違っているケースが少なくありません。この場合，会計上の利益（accounting profit）と課税所得（taxable profit）との間に差異が生じることになります。なお，国際財務報告基準を適用する場合，IFRSによる会計処理と，各国の税法規定との相違から生じる差異も，考察の対象になり得ます。

　このような差異は，次の3種類に分類することができます。なお，税効果会計の適用対象となるのは，③の一時差異（ここには②の期間差異も含まれ

ます）です。一方，①の永久差異は税効果会計の対象とはなりません。

①**永久差異**（permanent differences）：資産または負債に関する会計上の
金額と税務上の金額に生じる差異で永久に解消されないもの。

［例］交際費，寄付金の損金算入限度超過額，受取配当金の益金不算入
額など。

②**期間差異**（timing differences）：当期において，企業会計における収益・
費用と課税所得計算における益金・損金との間に生じた期間帰属の不一
致で，将来の会計期間に解消すると予想されるもの。

［例］減価償却費の償却超過額，貸倒引当金の繰入超過額など

③**一時差異**（temporary differences）：貸借対照表に計上されている資産・
負債の金額と，課税所得計算書上の資産・負債の金額（これを税務基準
額という）との差額。

［例］市場性のある相互持ち合い株式に関する未実現の評価益など。

なお，②期間差異と③一時差異は，会計上の収益，費用と課税所得計算上
の益金，損益の認識時点の相違による差異がともに含まれますが，有価証券
等の資産または負債の評価替えにより直接純資産の部に計上された評価差額
は，③一時差異には含まれるが，②期間差異には含まれないという点で相違
します。

(2) 一時差異の類型

一時差異は，将来の課税所得の増加要因か，あるいは減少要因かという点
から次のように区分されます（para.5）。

①将来減算一時差異（deductible temporary differences）：解消時に課税
所得を減額する効果をもつタイプの一時差異。

［例］棚卸資産の評価損，長期前払費用の償却超過額など

②将来加算一時差異（taxable temporary differences）：解消時に課税所
得を増額する効果をもつタイプの一時差異。

［例］資産除去債務，利益処分方式による圧縮記帳など

図表7-1　一時差異の類型

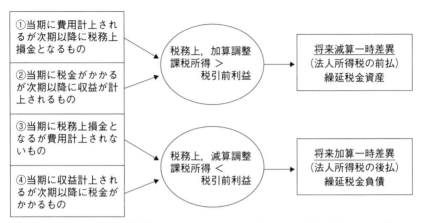

出所：Stolowy, H. and Ding, Y.（2017）*Financial Accounting and Reporting, A Global Perspective,* Cengage learning, p.221.

4 繰延税金資産（deferred tax assets）の認識

（1）繰延税金資産の計上

　将来減算一時差異とは，将来，資産・負債の帳簿価額が回収または決済される期間に課税所得から減額されるため将来の課税所得の減少をもたらすような一時差異をいいます。繰延税金資産は原則としてすべての将来減算一時差異について認識します。

　なお，繰延税金資産は一時差異に実効税率をかけて計算します。

※繰延税金負債および繰延税金資産の測定は，企業が報告期間の末日時点で，資産および負債の帳簿価額の回収または決済を見込んでいる方法から生じる税務上の影響を反映しなければならないとされます（para.51）。

発生時の仕訳	（借）繰延税金資産 ×× （貸）繰延税金利益 ××
	［法人税等調整額］
解消時の仕訳	（借）繰延税金費用 ×× （貸）繰延税金資産 ××
	［法人税等調整額］

参考 繰延税金資産を認識しない免除規定

　企業結合ではなく，取引時に会計上の利益にも課税所得（税務上の欠損金）にも影響を与えず，さらに取引時に同額の将来加算一時差異と将来減算一時差異を生じさせない取引における資産または負債の当初認識から繰延税金資産が生じる場合を除きます（para.24）。

設例③

　当期首に1,000で取得した備品を会計上は 5 年，税務上10年で，いずれも定額法で償却する（残存価額 0 ，税率40%）税効果会計に関する当期の仕訳をしなさい。

解答欄

（借）　　　　　　　　　　　　　　　（貸）

考え方

　会計上の減価償却費は1,000÷ 5 年=200のため，当期に会計上で200の費用が計上されるのに対して，税務上の減価償却費は1,000÷10年=100のため，税務上は100の損金算入がされます。したがって，差額の100だけ会計上の利益より税務上の課税所得の方が大きくなります。このため，当期に支払わなければならない税金が，この分［差額100×税率40% =40］だけ大きくなりますが，これは，税金を前払いしたことを意味しており，将来の時点の課税所得を減額させる効果をもちます。

会計処理の考え方

　上記の着眼点および理解のためのヒントを手掛かりとして次のように仕訳します。

（借）繰延税金資産 40　　　（貸）繰延税金利益 40
　　　　　　　　　　　　　　　　　　［法人税等調整額］

(2) 繰延税金資産の回収可能性

　繰延税金資産のすべてが貸借対照表に認識できるわけではありません。繰延税金資産の認識にあたっては，**回収可能性**（将来，税金の支払を軽減する効果をもつかどうか）に関する十分な検討が必要となります。

　繰延税金資産の認識は，将来減算一時差異を解消させるだけの課税所得が稼得される可能性が高い場合（下記の①〜③など）に限定されます（paras.28-29）。

①将来減算一時差異の解消予定年度と同一の年度において，同一の課税当局と同一の課税実体（taxable entity）について，十分な将来加算一時差異の解消がある場合。

②当該企業が，減算一時差異の解消年度と同一年度において，同一の課税当局と課税実体に関して十分な課税所得を稼得する可能性が高い範囲。

③タックス・プランニング※（tax planning）の利用により，当該期間に課税所得の創出が可能な範囲。

※**タックス・プランニング**とは，税務上の欠損金や税額控除の繰越期限の到来前に，特定の期間に課税所得の創出や増加のために企業が行う行為であるとされます（para.30）。

Column

　わが国では会社区分に応じて繰延税金資産の回収可能性を判断する具体的なガイダンスが示されています。一方，IFRSでは繰延税金資産の回収可能性の判断に関する詳細な指針は示されていません。

参考 のれんの当初認識に伴う繰延税金資産

　合併や買収などの企業結合で生じたのれんの帳簿価額が，その税務基準額より小さい場合には，その差異は繰延税金資産を生じさせます。のれんの当初認識から生じる繰延税金資産は，将来減算一時差異を活用できる課税所得を得られる可能性が高い範囲で認識しなければならない（para.32A）。これに対し，わが国では，のれんの当初認識から生じる繰延税金資産は認識しません。

(3) 税務上の繰越欠損金および繰越税額控除

　税法上，ある年度の欠損金（tax losses）を将来の年度の課税所得と通算することを**欠損金の繰越**（carryforward of tax losses）といい，将来年度の所得を計算する際にそのような欠損金の損金算入が認められる場合があります。

　一方，繰越税額控除は有効期限内の期間の税額から控除が認められます。税務上の繰越欠損金・繰越税額控除に対しては，それらの繰越控除がなされる将来年度における課税所得の稼得の可能性が高い範囲内で，繰延税金資産を認識します。

　☞確認問題 問1 に挑戦しよう

未認識の繰延税金資産の再検討

　企業は，各報告期間の末日現在で未認識の繰延税金資産を再検討します。将来の課税所得が繰延税金資産の回収を可能にする可能性が高くなった範囲で，過去に未認識であった繰延税金資産を認識します（para.37）。

　反対に，十分な課税所得を稼得する可能性がもはや高くはなくなった範囲で，繰延税金資産の帳簿価額を減額しなければならない（para.56）。

5 繰延税金負債(deferred tax liabilities)の認識

繰延税金負債の計上

　将来加算一時差異とは，将来に資産・負債の帳簿価額が回収または決済される期間に課税所得に加算されるため，将来の課税所得の増加をもたらすような一時差異をいいます。繰延税金負債は一部の場合を除き，原則としてすべての将来加算一時差異について認識します。

　繰延税金負債は，一時差異に実効税率をかけて計算します。

※なお，のれんの当初認識に伴う繰延税金負債は認識しない（para.15）。

発生時の仕訳	（借）繰延税金費用　　　××　（貸）繰延税金負債　　　××
	［法人税等調整額］
解消時の仕訳	（借）繰延税金負債　　　××　（貸）繰延税金利益　××
	［法人税等調整額］

参考 繰延税金負債を認識しない免除規定

　のれんの当初認識，企業結合ではなく，取引時に会計上の利益にも課税所得（税務上の欠損金）にも影響を与えず，さらに取引時に同額の将来加算一時差異と将来減算一時差異を生じさせない取引から繰延税金負債が生じる場合を除きます（para.24）。

設例④

　年利5％で1,000を10月1日に貸した。決算日（3/31）の税効果会計に関する仕訳を示しなさい。利息の受取日は年1回（9/30）である。税率は40％とする。

解答欄

① （借）　　　　　　　　　　　（貸）
② （借）　　　　　　　　　　　（貸）

考え方

　会計上の受取利息は1,000×5％×6/12＝25なので，会計上は25の受取利息が未収収益として計上されるのに対して，税務上は利払日基準が適用された場合，当期は利息が計上されないため益金が0となります。したがって，差額の25だけ会計上の利益が税務上の課税所得より大きくなります。このため，当期に支払わなければならない税金が，この分［差額25×税率40％＝10］だけ小さくなりますが，これは，税金の支払いを免除してもらったわけではなく，未払いとなっているだけなので，将来の会計年度にいずれ支払う必要が出てきます。そこで①の仕訳が必要になります（なお，翌期に実際に利息を受領したときに差異が解消されるので②の仕訳を行います）。

上記の着眼点および理解のヒントをもとに次のように①と②の仕訳をします。

① （借）繰延税金費用10 　　（貸）繰延税金負債10
　　　　［法人税等調整額］

② （借）繰延税金負債10 　　（貸）繰延税金利益10
　　　　　　　　　　　　　　　　　［法人税等調整額］

☞確認問題 問2 に挑戦しよう

6 当期税金資産・負債の測定

　当期税金負債は，決算日における法定税率を使用して税務当局に納付されると予想される金額で測定します。他方，当期税金資産は，決算日における法定税率を使用して税務当局から還付されると予想される金額で測定します。

7 繰延税金資産・負債の測定

　税効果会計の方式には，下記のように資産負債法と繰延法という2つの方法がありますがIAS，アメリカ，日本ともに資産負債法を採用しています。

①**資産負債法**（asset-liability method）：繰延税金資産，繰延税金負債を関連する一時差異が解消する将来の期間において適用されると予想される税率に基づいて算定する方法。

②**繰延法**（deferral method）：繰延税金資産・繰延税金負債を税効果が発生した時点の税率で計上し，そのまま繰り越す方法。

　繰延法には税効果の発生した年度以降に税率の変更があった場合，繰延税

金資産・繰延税金負債は税率の変更を正しく反映しないという欠点があります。なお，繰延税金資産・負債を現在価値に割り引いてはならないことになっています。

繰延税金負債および繰延税金資産の測定は，企業が報告期間の末日時点で，資産および負債の帳簿価額の回収または決済を見込んでいる方法から生じる税務上の影響を反映しなければならない（para.51）。

―――（設例⑤）―――――――――――――――――――――――――――

ある有形固定資産項目の帳簿価額は100，税務基準額は60である。当該項目を売却すれば税率は20％，その他の利益に対する税率は30％である。

（1）企業が資産をこれ以上使用せずに売却する場合と，（2）当該資産を保有し続けて，その使用を通じて帳簿価額を回収する場合の繰延税金負債をそれぞれ計算しなさい。

（解答欄）

（1）　　　　　　　　　　　　　　（2）

（会計処理の考え方）

企業が当該項目をこれ以上使用しないで売却するつもりなら繰延税金負債8（＝40×20％），当該資産を保有し続けてその使用を通じて帳簿価額を回収する場合は，繰延税金負債12（＝40×30％）を認識します。

8　税金費用の認識

損益計算書に税金費用（tax expense）として認識される金額は，①当期の課税所得に対して納付された当期税金と②税効果会計によって認識された繰延税金（deferred tax）の2項目から構成されます。

ただし，当該税金が①純損益の外で認識される取引または事象から生じる場合と②企業結合から生じる場合は除きます（para.58）。ここで①には，(a)

その他の包括利益に認識される項目に関するものと（b）資本に直接認識される項目に関するものがあります（para.61A）。

9 財務諸表における表示

　当期税金資産，当期税金負債と繰延税金資産，繰延税金負債の財務諸表における表示の主な特徴は次のとおりです。

・税金に関する資産，繰延税金負債は他の資産・負債と区別して表示する。

・繰延税金資産，繰延税金負債はすべて非流動項目に分類される（貸借対照表上で資産・負債を流動・非流動項目に区分して表示している場合）。

・当期税金資産，当期税金負債と繰延税金資産，繰延税金負債に区別して表示する。

・当期税金資産と当期税金負債が相殺されて表示されるケースについては次のとおりである（para.71）。

　①認識した金額を相殺する法的強制力のある権利を有しており，かつ②純額で決済するかまたは資産の実現と負債の決済を同時に行うことを意図している。

・繰延税金資産と繰延税金負債とを相殺しなければならない場合は次のとおりである（para.74）。

　①企業が当期税金資産と当期税金負債を相殺する法的強制力のある権利を有しており，かつ②繰延税金資産と繰延税金負債とが，ⅰ）同一の課税当局が同一の納税主体に課された法人所得税に関するものであるか，ⅱ）同一の税務当局が別々の納税主体に多額の繰延税金負債または資産の決済または回収が見込まれている将来の各期間において，当該税金負債と当期税金資産とを純額で決済するか，あるいは資産の実現と負債の決済を同時に行うことを意図している複数の納税主体に課された法人所得税に関するものである場合。

・経常的活動による純損益にかかる税金費用（収益）は，純損益およびその他の包括利益計算書に純損益の一部として表示しなければならない（para.77）。
・税金費用（収益）の主要な内訳は別個に開示しなければならない（para.79）。

☞確認問題 問3 に挑戦しよう

10 わが国会計基準とのコンバージェンスの状況

　わが国では，2022年4月1日以後開始する事業年度より，連結納税制度が廃止され，グループ通算制度が導入されました。これにより，企業グループ内の損益を通算できる一方で，各社が個別に計算および申告を行うこととされました。

　国際会計基準（IAS12）は，純損益およびその他の包括利益計算書上で当期税金と繰延税金を区分することは要求されないのに対し，わが国会計基準では要求されます。

　国際会計基準（IAS12）は，企業結合ではなく，かつ取引時に会計上の利益にも課税所得（税務上の欠損金）にも影響を与えない取引について，資産または負債の当初認識から生じる一時差異について繰延税金資産・繰延税金負債を認識しないとする例外が規定されているが，わが国会計基準にはそのような規定はありません。

　国際会計基準（IAS12）は回収可能性があると認められる金額で繰延税金資産を直接計上します。これに対し，わが国会計基準はいったん繰延税金資産を総額で計上したうえで将来の税金負担額を軽減する効果を有さなくなったと判断された場合は評価性引当額を計上する方法を採用しています。なお，評価性引当額は戻入も可能です。

　国際会計基準（IAS12）は，異なる納税主体についても要件を満たせば繰

延税金資産と繰延税金負債を相殺するのに対し，わが国会計基準では異なる納税主体については相殺しません。

📖 発展学習　繰延税金資産の認識

　IFRSは，繰延税金資産の認識について，実現の「可能性が高い（probable）」場合に限るという１段階のアプローチを採用しています。

　これは，アメリカ基準が繰延税金資産を（1）総資産を認識し，そこから（2）「繰延税金資産が実現しないことが発生する可能性の方が高い（more likely than not）」金額を評価性引当金で減額する２段階のアプローチを採用しているのと異なります。

確 認 問 題

問1　次のうち将来減算一時差異について繰延税金資産を認識するものをすべて選びなさい。

　①繰延税金資産は将来減算一時差異を利用できる課税所得が生じる可能性が高い範囲内で認識する。

　②企業業結合ではなく，かつ取引日に会計上の利益にも課税所得にも影響しない取引における資産または負債の当初認識から生じるとき。

　③政府補助金に関する将来減算一時差異。

問2　繰延税金資産（負債）を計上するものをすべて選びなさい。

　①将来加算一時差異を将来減算一時差異と相殺するのに利用することはほとんどない。

　②親会社や投資者が一時差異を解消する時期をコントロールでき，かつ予測可能な期間内に一時差異が解消しない可能性が高い場合。

　③一時差異が予測し得る期間内に解消し，かつその使用対象となる課税所得が稼得される可能性が高い。

問3 貸借対照表の表示に関し，正しいものをすべて選びなさい。

①税金費用は損益計算書に表示しなければならない。

②当期税金資産と当期税金負債は，企業が法律上強制力のある権利を有しかつ純額で決済することを意図している場合は相殺できる。

③繰延税金資産と繰延税金負債は，企業が法律上強制力のある権利を有するかまたは同一の税務当局によって同一の納税企業体に課された法人所得税に関するものであれば相殺できる。

応 用 問 題

問1 繰延法の問題点をその他有価証券の評価差額の取扱いを例にとりながら税効果会計の必要性に照らして説明しなさい。

問2 期間差異と一時差異の違いについて有価証券を例にあげて説明しなさい。

問3 将来の課税所得と相殺可能な繰越欠損金が一時差異と同様に取り扱うこととされている理由を説明しなさい。

発 展 課 題

[課題] 企業会計基準適用指針第26号「繰延税金資産の回収可能性に関する適用指針」について調べてみよう。

第 **8** 章

有形固定資産（IAS16）

✏️ **事前学習**（この章の学習をする前に取り組んでみましょう）

[問い] IAS16では有形固定資産の再評価が認められています。これは会社が保有する有形固定資産を公正価値で評価替えすることですが，どのような場合に行われるか考えてみよう。

1 有形固定資産とは

　有形固定資産とは，会社が事業活動で使用するために所有する建物，土地，備品，機械装置，車両運搬具，航空機などのことです。国際会計基準（IAS16）は，有形固定資産の会計処理を規定しています。

　国際会計基準（IAS16）は，**有形固定資産**（property, plant and equipment）の**定義**を①財やサービスの生産・提供における使用目的，外部への賃貸目的または管理目的で企業が保有しており，かつ，②1会計期間以上にわたって使用することが予想されるもの，と規定しています（para.6）。

　しかし国際会計基準（IAS16）は，売却目的で保有する有形固定資産，農業活動に関連する生物資産，探査および評価資産の認識および測定，鉱業権ならびに，石油や天然ガスおよび非再生資源などの鉱物埋蔵量には適用されません（para.3）。

2 有形固定資産の認識(recognition)

　国際会計基準（IAS16）は，有形固定資産を財政状態計算書（貸借対照表）に**資産として認識するための要件**として，①その資産に関連する将来の経済的便益が企業に流入する可能性が高く，かつ，②その資産の取得原価を信頼性をもって測定できること，という2つをあげています（para.7）。

※なお，交換部品，予備器具および保守用器具などの項目は，有形固定資産の定義を満たす場合にはIAS16に従って認識され，そうでない場合は棚卸資産に分類されます（para.8）。

3 有形固定資産の当初認識時の測定（measurement）

　資産認識規準（上記の2要件）を満たす有形固定資産は，その取得原価で測定しなければならない（para.15）とされます。取得原価の構成要素は次のとおりです。

(1) 取得原価の構成要素

　取得原価（cost）は，**購入価格**（輸入関税や非還付購買税を含む），**直接起因するコスト**（資産の建設・取得に伴う従業員給付費用，整地費用，当初購入・取扱費用，据付・組立費用，検査費用，専門家報酬などの付随費用），**資産除去債務**（解体・除去・現状回復にかかる当初見積額）から構成されます。値引・割戻は購入価格から控除します（para.16）。

※なお，IAS23に従って，借入コストが取得原価に含まれることがあります（para.23）。

※※有形固定資産が法令や環境基準を遵守するために安全面または環境面の理由で取得される場合，将来の経済的便益を直接増加させるものではないが，企業が他の資産から将来の経済的便益を得るために必要な場合は資産の認識規準を満たすとされます（para.11）。

※※※このように，有形固定資産の取得原価は，認識日現在の現金価格相当額です。支払が通常の信用期間を超えて繰り延べられている場合には，現金価格相当額と支払総額との差額は，信用期間にわたり利息費用として認識されます（para.23）。

☞確認問題 問1 に挑戦しよう

📝確認しよう　有形固定資産の取得原価

　有形固定資産をどのように取得したかにより，それぞれ次のように取得原価を計算します。

①購入の場合：購入価格＋直接起因するコスト＋資産除去債務（解体・除去・現状回復にかかる当初見積額）。

②自家建設の場合：販売を目的とした資産の製造原価（ただし内部利益を控除する）。

③交換の場合：（一定の場合を除き）公正価値で測定（下記の参考を参照）。

④リースで借手が保有する資産：IFRS16の規定による。

⑤国庫補助金を受けた有形固定資産：IAS20の規定による。

参考 **資産の交換**

有形固定資産の取得原価は，①交換取引が経済的実質を欠いている場合，または②受け取った資産も引き渡した資産も公正価値が信頼性をもって測定できない場合を除いて公正価値で測定されます。取得した資産が公正価値で測定されない場合には，その取得原価は，引き渡した資産の帳簿価額で測定されます（para.24）。

企業が受け取った資産または引き渡した資産のいずれかの公正価値を信頼性をもって測定できる場合には，引き渡した資産の公正価値を用いて，受け取った資産の取得原価を測定します。ただし，受け取った資産の公正価値の方が明白であることが明らかな場合を除きます（para.26）。

参考 **交換取引が経済的実質を有する場合**

交換取引が経済的実質を有しているかどうかを，将来キャッシュ・フローが当該取引によりどの程度変化すると予想されるのかを考慮して判断します。交換取引は次に該当する場合には経済的実質を有しています（para.25）。

(a) 受け取った資産のキャッシュ・フローの構成（リスク，時期および金額）が譲渡した資産のキャッシュ・フローの構成と異なっているか。

(b) 企業の営業活動のうち，当該取引に影響される部分の企業固有価値が当該交換により変化し，

(c) (a) または (b) の相違が，交換した資産の公正価値に対して大きい。

（2）取得後コスト

取得後のコストが認識規準（2の2要件）を満たす場合は，有形固定資産の帳簿価額に認識する（para.13）。認識規準を満たさない日常的な保守コストは発生時に費用認識される（para.12）。

（3）資産除去債務とは何か？

資産除去債務とは，建物やダムなどを解体・除去して現状回復するために生じる費用をいいます。

国際会計基準（IAS16）は有形固定資産の取得原価に当該資産の将来の解体・撤去費および敷地の原状回復費などの見積費用も含めています。

　☞確認問題 問2 問3 に挑戦しよう

4 減価償却

(1) 減価償却の単位

　減価償却（depreciation）とは，有形固定資産の償却可能額をその耐用年数にわたって規則的に費用配分することをいいます。国際会計基準（IAS16）では，ある有形固定資産項目の取得原価の合計額に比べて重要な各構成部分は，それぞれ独立して減価償却しなければなりません（para.43）。このような方法を**コンポーネント・アプローチ**といいます。

　たとえば，航空機について，当初認識された金額を重要な構成要素に配分し，機体とエンジンを独立して減価償却するケースがあり得ます。

　しかし，重要な構成部分であっても，それらが同じ耐用年数や減価償却方法を有する場合には，それらをまとめて減価償却費を決定します。

設例①

　航空機 €5,000万のうち，エンジン€3,000万は重要な構成部分であると判断された。国際会計基準による減価償却の仕訳を示しなさい。なおエンジンの耐用年数は5年，それ以外の部分の耐用年数は10年，残存価額は0で定額法を採用している。

解答欄　　　　　　　　　　　　　　　　　　　　（単位：万ユーロ）

　（借）　　　　　　　　　　　　（貸）
　（借）　　　　　　　　　　　　（貸）

　　航空機の取得原価に対してエンジンの部分が重要な構成部分であると判断されているため，エンジン€3,000万をそれ以外の部分 €2,000万とは別に減価償却します。このためエンジンの減価償却費は €3,000万÷5年＝€600万，それ以外の部分の減価償却費は €2,000万÷10年＝€200万となり，仕訳は

（借）減価償却費（エンジン）　　　　600　（貸）減価償却累計額（エンジン）　　　　600
（借）減価償却費（それ以外の部分）200　（貸）減価償却累計額（それ以外の部分）200
となります。

[ディスカッションポイント]

　　コンポーネント・アプローチについて，賛成か反対か議論してみよう。さらに，2章の概念フレームワークのところで学んだ財務諸表の質的特性（比較可能性，検証可能性，適時性および理解可能性）の観点から，あなたの立場を支持できるか考えてみよう。

(2) 耐用年数と残存価額

　耐用年数（useful life）とは企業における有形固定資産の予想使用期間，または当該資産から獲得される予想生産高または類似の単位をいいます（para.6）。

　耐用年数の決定は，資産の使用態様，予想される物理的減耗，生産技術の変化等による技術的陳腐化，法的制約（資産のリース期間等）などの個別要因を考慮すべきものとしており（para.56），日本のような法定耐用年数の使用を前提としていません。

　残存価額（residual value）とは耐用年数が到来し予期された状態にある資産の処分から獲得されるであろう金額をいいます（ただし処分費用見積額を除く）。

(3) 減価償却方法

　減価償却方法（depreciation method）には，定額法（straight-line method），定率法（diminishing balance method），生産高比例法（units of production method）などがあります。

　なお，使用される減価償却方法（たとえば定額法など）は，その資産の将来の経済的便益を企業が消費すると予想されるパターンを反映しなければならないとされます（para.60）。

Column

IFRSにおける減価償却方法

　IFRS（国際財務報告基準）を適用している企業は，選択する減価償却方法が，資産の経済的便益の消費パターンを適切に反映していることを証明しなければならない。このため，実務上は証明が容易な定額法が採用される場合が多いとされます。

---

(4) 償却可能額と償却期間

　有形固定資産の**償却可能額**（depreciable amount）は，取得原価または再評価額から残存価額を控除した金額です（para.6）。たとえば，取得原価（または再評価額）が100万円で残存価額が10万円の機械装置の償却可能額は90万円となります。償却可能額を償却期間である耐用年数にわたって減価償却していきます。

　資産の減価償却は，その資産が使用可能となったとき，すなわち，経営者の意図した方法で資産を稼動できる状態になったときに開始します（para.55）。

　一方，資産の減価償却は，売却目的保有に分類されたとき，または資産の認識の中止が行われた日のいずれか早い日をもって停止します。したがって，減価償却は，当該資産が遊休となっている場合や，活発な使用をやめた場合でも停止しません（para.55）。

設例②

次の航空機の1年目の減価償却費を生産高比例法に基づいて計算しなさい。

・エンジンは飛行時間が1万時間になるごとに交換が義務づけられている。

・見積飛行時間　1年目：1,000　2年目：2,500　3年目：2,500
　　　　　　　　4年目：2,500　5年目：1,500

・取得原価　€600万　見積残存価額　€100万

会計処理の考え方

生産高比例法で次のように計算します。見積飛行時間は5年間で1万時間と見積られており，そのうち1年目に1,000時間使用していますので，

$[(600-100) \times 1,000 \div 10,000] = $€50万　となります。

残存価額，耐用年数，減価償却方法の見直し

有形固定資産の残存価額や耐用年数，減価償却方法は，少なくとも各事業年度末ごとに再検討しなければなりません（para.51・60）。もし予想に大きな変化があればIAS8に準拠して会計上の見積りの変更として処理します。

設例③

当社は20X0年1月1日に機械を€100,000で購入した。見積耐用年数は10年で，残存価額はゼロである。20X3年12月31日まで定額法で償却していた。当社は20X4年1月1日に見積耐用年数を見直し，当該資産をあと4年間使用できる可能性が高いと判断した。20X4年12月31日の減価償却費を計算しなさい。なお，会計年度は1月1日から12月31日までとする。

会計処理の考え方

20X3年12月31日までの4年間の減価償却累計額は€40,000となる。未償却の取得原価€60,000を修正後の残存耐用年数である4年間で償却するので，20X4年12月31日の減価償却費は€15,000となる。

☞確認問題 問4 に挑戦しよう

(5) 認識の中止

　有形固定資産は，処分されたり，将来の経済的便益がその使用・処分から
期待できなくなった場合に，認識を中止しなければなりません（para.67）。
このような認識の中止から生じる利得（収益として分類不可）または損失は，
当該資産の正味処分収入額と帳簿価額の差額として決定され，認識中止時に
純損益に計上されます（para.68）。

Column

事後発生の支出

　国際会計基準（IAS16）は，有形固定資産取得後の支出が，その発生時に資産
認識基準を満たす限り，資産の帳簿価額に含めると規定しています。このため認
識規準を満たす大規模検査の支出は資産計上されます。これに対して，有形固定
資産の修繕および維持に要する事後発生の支出は，すべて発生時の費用とされま
す。

---

5 認識以後の測定

　有形固定資産の種類ごとに**原価モデル**（cost model）または**再評価モデル**
（revaluation model）のいずれかを会計方針として選択しなければなりませ
ん（para.29）。

　原価モデルは，有形固定資産を取得した時点に計上した取得原価をベース
に（減価償却や必要に応じて減損などの）会計処理をするのに対して，再評
価モデルは決算日などの再評価実施日の公正価値をベースに（減価償却や必
要に応じて減損などの）会計処理を行います。ただし，再評価モデルの採用
は公正価値が信頼性をもって測定できる場合に限られます。

　・原価モデル（cost model）：取得原価（historical cost）から減価償却累

計額および減損損失累計額を控除した金額で計上します。

・再評価モデル（revaluation model）：再評価実施日における公正価値か
らその後の，減価償却累計額および減損損失累計額を控除した再評価額
で計上します。

　ここで減損とは，資産の帳簿価額（≒投資額）が回収可能価額を上回って
いる状態をいい，帳簿価額を回収可能価額まで切り下げるため減損損失を計
上します（IAS36を参照）。

6 再評価モデル（revaluation model）

(1) 公正価値の測定と再評価の頻度

　公正価値（fair value）とは，取引の知識がある自発的な当事者間の，相
互に独立した第三者間取引における資産の交換金額をいいます。簡単にいう
と時価のことです。

　なお，実務的に有形固定資産の再評価を行う場合には，時価の算定につい
て不動産鑑定士などの専門家の鑑定評価によるなど客観性を備えることが必
要となるので十分注意する必要があります。

①土地・建物を再評価する場合に用いる公正価値：専門家としての資格を
もつ外部の鑑定人（不動産鑑定士など）の評価により決定される市場価
値による。

②工場・設備など（企業に特殊な性質のもの）の公正価値：減価償却後の
取替原価（replacement cost）またはインカム・アプローチで再評価する。

　いったん再評価モデルを採用し，有形固定資産の再評価を選択した場合，
定期的に再評価を実施する必要があります。ここで，公正価値の変動が著し

い資産は毎年，再評価を行い，公正価値の変動が緩やかな資産は３〜５年ごとに再評価を行います。

(2) 再評価の資産単位

再評価は，有形固定資産を種類ごとに分類（たとえば，土地，建物，機械装置，船舶，航空機，車両，器具・備品，事務機器など）し，その種類に属する有形固定資産全体に適用します（para.36）。

(3) 再評価の会計処理

再評価の結果，有形固定資産の帳簿価額が減少した場合には，当期の損失とします。

ただし当該資産について，過去の再評価により，再評価剰余金が計上されている場合には，その再評価剰余金を先に減少させます（para.40）。

再評価の結果，有形固定資産の帳簿価額が増加した場合には，包括利益計算書（損益計算書）のその他の包括利益（other comprehensive income）で認識し，再評価剰余金（revaluation surplus）として株主持分を増加させます。つまり財政状態計算書（貸借対照表）の貸方に記入します。ただし過去

図表8-1　有形固定資産の再評価による影響

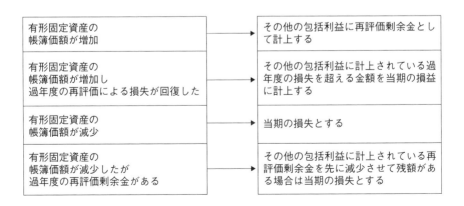

有形固定資産の帳簿価額が増加	その他の包括利益に再評価剰余金として計上する
有形固定資産の帳簿価額が増加し過年度の再評価による損失が回復した	その他の包括利益に計上されている過年度の損失を超える金額を当期の損益に計上する
有形固定資産の帳簿価額が減少	当期の損失とする
有形固定資産の帳簿価額が減少したが過年度の再評価剰余金がある	その他の包括利益に計上されている再評価剰余金を先に減少させて残額がある場合は当期の損失とする

の再評価により，有形固定資産が評価減されている場合には，過去に評価減を行った金額の範囲まで包括利益計算書上で利益として計上します（para.39）。

　再評価剰余金から利益剰余金への振替は，純損益を通しません（para.41）。つまりリサイクリングは行わず，純資産の部の内部で利益剰余金などへ振替を行います。

7 開示

　有形固定資産の種類別に，次のものを開示します。①減価償却累計額控除前の帳簿価額を決定するために使用した測定基礎，②採用した減価償却方法，③採用した耐用年数（または償却率），④期首・期末の減価償却累計額控除前の帳簿価額と，減価償却累計額，⑤帳簿価額の要因別期中増減額（取得，処分，企業結合による取得，資産再評価または減損，減価償却，外貨建財務諸表の換算，その他の要因を記載）。

8 わが国会計基準とのコンバージェンスの状況

　わが国の有形固定資産の会計基準には，有形固定資産の定義や認識規準はありません。会計実務上は，税法に従って会計処理されている場合が多いとされます。

　また，わが国では有形固定資産に関する会計処理のうち，減損について「固定資産の減損に係る会計基準」が平成17年4月以降に開始する会計年度から適用され，資産除去債務については企業会計基準第18号「資産除去債務に関する会計基準」が平成22年4月以降に開始する会計年度から適用されるなどコンバージェンスが図られています。

　しかし，わが国の有形固定資産の会計基準そのものを国際会計基準

（IAS16）とコンバージェンスしようとする動きはいまのところみられません。このため，わが国では，有形固定資産の再評価モデルは認められておらず，原価モデルにより会計処理します。また，有形固定資産の減価償却方法，耐用年数，残存価額の決定などについて法人税法の規定の影響を強く受けているといわれます。

　なお，コンバージェンスの結果，有形固定資産についても取得原価基準の本質が名目上の取得原価で据えおくことにあるという考え方から，回収可能な原価だけを繰り越そうとする考え方に変わってきているとされます。

　さらに，国際会計基準（IAS16）で有形固定資産の重要な構成要素について個別に減価償却するコンポーネント・アプローチが要求されていますが，わが国会計基準では要求されていません。

発展学習　大規模な検査を定期的に実施するのにかかる支出

　航空機など，大規模な検査を定期的に実施するのにかかる支出は，認識規準が満たされる場合には，その取得原価を取替資産として有形固定資産の帳簿価額に含めて認識します。以前の検査のコストの残った帳簿価額があれば認識の中止を行います（para.14）。

確 認 問 題

問1 次のうち，航空会社が航空機を購入した場合に取得原価に含まれるものをすべて選びなさい。
① 購入価格
② 還付購買税
③ 航空機を空港まで搬入するのに必要な費用
④ 非還付購買税

問2 次の①から③のうち，正しいものを1つ選びなさい。

当社は，空港の隣の土地に遊園地を建設した。この遊園地は，空港が拡張される10年後まで営業を続ける予定である。遊園地の建設費は€500万であるが，今後，解体費が€200万生じる見込みである。
① 将来，解体費用が生じたときに費用処理する。
② 建設期間中に建物の解体費用を資産計上する。
③ 解体費を毎年10分の1ずつ費用処理する。

問3 次の文章を読んで，問いに答えなさい。

当社は店舗を改築しており，売場を大幅にリニューアルする。経営者の作成した年次予算では，改築後の売上が20%増加する見通しが示されている。店舗の改築にかかる支出をどのように会計処理すべきか答えなさい。

問4 次の文章を読んで，問いに答えなさい。

当社は自社で利用する目的で機械装置を製造中である。その機械装置は，20X1年10月1日に完成する予定である。なお，当社は，20X2年4月1日までその機械装置を事業活動で使用する予定はない。当社は，いつから減価償却を開始すべきか答えなさい。

問5 資産除去債務の会計処理

当社は国際会計基準を任意適用することを検討している。X1年4月1日に土地2,000を取得し，同時に当該土地に構築物900（耐用年数2年，残存価額0，定額法）を新築した。なお，土地の売却時には構築物の解体・撤去および用地の復旧の必要があり，そのために必要な費用の初期見積額は250であった。

その後，X3年3月31日に構築物を当初の見積りどおり250で解体・撤去し，土地を2,300で売却した。(1) 資産除去債務の会計処理が適用されない場合の仕訳と (2) IASによる仕訳の金額欄の空欄①〜⑩を答えなさい。

(1) 資産除去債務の会計処理が適用されない場合の仕訳
X1年4月1日の会計処理
（借）土 地 ［①　　　］　　（貸）現金預金 ［③　　　　　］
（〃）構築物 ［②　　　］
X2年3月31日の会計処理
（借）減価償却費 ［④　　　］（貸）減価償却累計額 ［⑤　　　　］
X3年3月31日の会計処理
（借）減価償却費 ［④　　　］（貸）減価償却累計額 ［⑤　　　　］
（〃）減価償却累計額 ［⑥　　　］（〃）構築物 　　　　［②　　　　］
（〃）固定資産除却損 　　250（〃）現金預金 　　　　　　250
（〃）現金預金 　　［⑦　　　］（〃）土 地 　　　　　　［①　　　　］
　　　　　　　　　　　　　　　　（〃）固定資産売却益 　［⑧　　　　］

(2) 資産除去債務の会計処理が適用される場合（IASによる仕訳）
X1年4月1日の会計処理
（借）土 地 ［⑨　　　］　　（貸）現金預金 　　　　　　［③　　　　］
（〃）構築物 ［②　　　］　　（〃）解体・撤去費用等引当金 ［⑩　　　］
X2年3月31日の会計処理
（借）減価償却費 ［④　　　］（貸）減価償却累計額 　　　［⑤　　　　］
（〃）減価償却費 　　125（〃）減価償却累計額（土地）　125
X3年3月31日の会計処理
（借）減価償却費 　　　［④　　　］（貸）減価償却累計額 ［⑤　　　　］
（〃）減価償却費 　　　　125（〃）減価償却累計額（土地）125
（〃）減価償却累計額 ［⑥　　　］（〃）構築物 　　　　［②　　　　］
（〃）現金預金 　　　2,050（〃）土 地 　　　　　　2,250
（〃）減価償却累計額（土地）250（〃）固定資産売却益 ［⑧　　　］
（〃）解体・撤去費用等引当金 ［⑩　　　］

応 用 問 題

問1 日本では機械について，資産除去債務に関する会計基準により，引当金を計上する方法ではなく，資産除去債務を計上する方法が採用されています。その理由を説明しなさい。

問2 日本で国庫補助金等により取得した固定資産について，圧縮記帳の会計処理が認められている理由を説明しなさい

発 展 課 題

[課題] 有形固定資産の会計について国際財務報告基準と日本の会計基準の相違点をまとめてください。

参考 減価償却の自己金融機能

減価償却の自己金融機能とは，償却資産に投下された資金が収益により回収され，減価償却費に相当する資金が社外流出せずに企業内に留保される機能をいいます。

第9章

無形資産（IAS38）

✏️ **事前学習**（この章の学習をする前に取り組んでみましょう）

[問い] 近年，企業経営において無形資産の重要性が指摘されています。
　　　　身近な企業の例をあげながら，あなたの考えをまとめてみよう。

1 無形資産とは

　無形資産とは，簡単にいうと特許権や商標権など目にみえない法的権利などのことをいいます。無形資産は物理的実体がなく，存在の立証や金額の測定が難しいという特徴があります。

　デジタル化の急速な進展により，無形資産に大きな影響が生じていると考えられます。2023年6月時点で暗号資産（cryptocurrencies）も一部を除いてIAS38で会計処理されていますが，別の会計基準を設定するか検討すべきとされています。

2 IAS38の目的

　本基準の目的は，他の基準で具体的に扱っていない無形資産に関する会計処理を定めることです（para.1）。

3 適用範囲

　本基準は無形資産の会計処理に適用します。ただし，次のものを除きます（para.2）。

　①他の基準の適用範囲に含まれる無形資産。

　②IAS32「金融商品：表示」で定義されている金融資産。

　③探査および評価資産の認識及び測定（IFRS6）。

　④鉱物，石油，天然ガスおよび類似する非再生資源の開発及び採掘のための支出。

また，他の基準が特定の形態の無形資産の会計処理を定めている場合には，当該基準を適用します（para.3）。その具体例として，企業が販売のために所有する無形資産はIAS2「棚卸資産」を適用します。

なお，有形の要素と無形の要素の両方を組み込んでいる資産については，いずれの要素がより重要なのか判断します（para.4）。

4 無形資産の定義

無形資産（intangible assets）とは，物理的実体のない識別可能な非貨幣生資産をいいます（para.8）。また，無形資産は，過去の事象の結果として企業が支配し，そこから将来の経済的便益が企業に流入すると期待される資源でなければならないとされます。

図表9-1　コンピュータのソフトウェアの会計処理

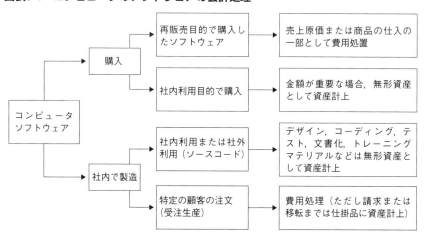

出所：Stolowy, H. and Ding, Y.（2017）*Financial Accounting and Reporting, A Global Perspective*, Cengage learning, p.304.

(1) 識別可能性 (identifiability)

　無形資産の定義は，のれん（goodwill）と区別するため，無形資産が識別可能であることを要求しています（para.11）。

　資産は，次のいずれかの場合には識別可能であるとされます（para.12）。

①分離可能である場合。

②契約またはその他の法的権利から生じている場合。

(2) 無形資産の具体例

　無形資産の具体的な例として，次のようなものがあります（para.9）。この他，熟練した職員の技能（para.15）も含まれます。

> ①コンピュータのソフトウェア，②特許権，③著作権，④映画フィルム，⑤顧客リスト，⑥モーゲージ・サービス権，⑦漁業免許，⑧輸入割当，⑨フランチャイズ，⑩顧客または仕入先との関係，⑪顧客の忠誠心，⑫市場占有率，⑬販売権

　なお，デジタル化の急速な進展により，従来とは異なる新たな商品やサービスが生み出されており，さらにメタバース（インターネット上の仮想空間）市場も急速に拡大することが予測されていることから留意が必要です。

5 無形資産の認識

　無形資産としてある項目を財務諸表に認識するためには，①無形資産の定義と②認識規準の両方を満たす必要があります（para.18）。

無形資産の認識規準

　無形資産は以下の2条件を満たす場合に限って認識しなければなりません（para.21）。

①資産に起因する，期待される将来の経済的便益が企業に流入する可能性が高いこと。

②資産の取得原価を，信頼性をもって測定することができること。

　無形資産は，取得原価で当初測定しなければならない（para.24）。

［ディスカッションポイント］

　無形資産の認識規準として求められる2条件は概念フレームワークの章で学習した財務諸表の質的特性，すなわち目的適合性と忠実な表現と調和しているか議論してください。

無形資産の取得形態

　無形資産の取得には，個別の取得，企業結合による取得，政府補助金による取得，資産の交換，自己創設（内部創出）があります。

6 自己創設無形資産（内部創出の無形資産）

(1) 自己創設のれん（内部創出のれん）

　企業がある種の支出を行った場合には，将来の経済的便益が生み出されることがあります。そうした支出などから生じた将来の経済的便益を**自己創設のれん**といいます。自己創設のれんを資産として認識してはなりません（para.48）。

(2) 自己創設無形資産（内部創出の無形資産）

自己創設無形資産とは，R&D（研究開発）などで企業内部に生み出された無形資産をいいます。

IAS38はある支出が無形資産の認識基準を満たすかどうか判断する目的で，研究開発活動を①研究フェーズ（research phase）と②開発フェーズ（development phase）に区別しています。

ここで**自己創設無形資産**が認識される可能性があるのは②開発フェーズ（development phase）に関する支出です。

自己創設無形資産は，以前と比べて企業業績に重要な役割を果たしているが財務諸表に十分反映されていないことが指摘されています。

①研究フェーズ（research phase）

研究（research）とは，新規の科学的または技術的な知識および理解を得る目的で実施される基礎的および計画的調査をいいます（para.8）。

［研究活動の例］

ⅰ）新しい知識の獲得を目的とする活動。

ⅱ）研究成果その他の知識を評価し応用するための調査。

ⅲ）材料，装置，製品，工程，システムまたはサービスに関する代替的手法の調査。

ⅳ）新しいあるいは改良された素材・装置・製品・工程・システム・サービスの定式化，設計・評価・最終的選択等の活動。

なお，研究に関する支出は，発生時に費用処理します。

②開発フェーズ（development phase）

開発（development）とは，商業ベースの生産または使用の開始前におけ

る，新規のまたは大幅に改良された材料，装置，製品，工程，システムまたはサービスによる生産のための計画または設計への，研究成果または他の知識の応用をいいます（para.8）。

[開発活動の例]
　ⅰ）生産開始前の試作品やモデルの設計，組立，テスト。
　ⅱ）新技術を組み込んだ工具などの設計。
　ⅲ）商業生産に達する前のパイロット工場の設計・組立・操業。
　ⅳ）新しい，あるいは改良された素材・装置・製品・工程・システム・サービスの代替物の設計・組立・テストなどの活動。

　開発フェーズに関する支出は，次の6条件をすべて満たした場合に限り無形資産として認識しなければならない（para.57）。
　これを条件付き認識といいます。

---

①使用・売却に利用できるよう無形資産を完成させる技術上の実行可能性。
②無形資産を完成させて使用・売却するという意図。
③無形資産を使用・売却できる能力。
④無形資産が可能性の高い将来の経済的便益をどのように創出するのか。
⑤開発を完成させて使用や売却を行うために必要となる適切な技術上・財務上・その他の資源の利用可能性。
⑥開発期間中の無形資産に起因する支出を信頼性をもって測定できる能力。

　企業の内部で創出される，ブランド，ロゴ，出版表題（タイトル），顧客リストおよび実質的にこれらに類似する項目は，無形資産として認識してはならない（para.63）。

これは事業全体を発展させるコストと区別ができなくなるため（para.64）です。

自己創設無形資産の取得原価

自己創設無形資産の取得原価は，認識規準を満たした日以降に発生した支出の合計です。

（設　例）

20X5年の期末時点で認識される無形資産（製造工程）の金額を答えなさい。

ある企業が，新しい製造工程を開発中である。20X5年中に発生した支出はCU1,000であり，そのうちCU900は20X5年12月1日よりも前に発生し，CU100は20X5年12月1日から20X5年12月31日までの間に発生した。企業は，20X5年12月1日の時点で，この製造工程が無形資産としての認識規準を満たしたことを立証することができる。この工程に具体化された技術上のノウハウの回収可能価額（工程を利用可能となるまでに完成させるのに必要な将来のキャッシュ・アウトフローを含む）はCU500と見積られる（para.67）。

会計処理の考え方

20X5年の期末時点で，その製造工程は，無形資産として取得原価CU100（認識規準を満たした日，すなわち，20X5年12月1日以降に発生した支出）で認識される。なお，20X5年12月1日よりも前に発生した支出CU900は，費用として認識されます。

過去に費用として認識した支出の戻入れは禁止されています（para.65）。

【応用論点】　条件付き認識の長所と短所

長所　・無形資産の測定に伴う不確実性から生じる主要財務諸表への影響を制限できる。

　　　・購入した無形資産とB/S，P/L上で比較可能性が高まる（特に，OCIアプローチが用いられた場合）。

- ・認識規準を満たす範囲でIFRS業績指標のゆがみを削減する。
- ・他の条件が同じであれば，蓋然性アプローチの場合よりもより多くの無形資産が認識される。

短所
- ・認識規準を満たさない自己創設無形資産を除外してしまう。
- ・利益のボラティリティが生じる（資産計上された費用が減損され，その後に戻し入れられた場合，P/Lに認識されるため）。
- ・財務諸表の作成費用が増加する。
- ・たとえ多くの無形資産が認識されたとしても，主要な特定の無形資産に関するディスクロージャーはよりきめ細かく詳細な情報を提供する。

☞確認問題 問1 問2 問3 に挑戦しよう

7 当初認識と費用処理

取得形態別の取得原価

①個別に取得した無形資産は，当該資産の取得原価で測定する。

②企業結合の一部として取得した無形資産は，当該資産の取得日の公正価値で評価する※。

※取得企業は，取得日に被取得企業の無形資産をのれんとは分離して公正価値で認識する（paras.33-34）。なお，公正価値の見積りの不確実性を反映する（para.35）。

③政府補助金で取得した無形資産は，公正価値（または名目的な金額）で当初認識を行う（para.44）。

例：空港の発着権，ラジオ・テレビ局の事業免許，輸入免許または割当枠

④交換により取得した無形資産は，公正価値で測定する。ただし，取得した資産を公正価値で測定しない場合には，その取得原価は引き渡した資産の帳簿価額で測定する（para.45）。

無形項目にかかる支出は，①無形資産の認識基準を満たして資産計上されるもの，②取得とみなされる企業結合で獲得されたが無形資産に該当しないため，のれんとして処理されたものを除いて，発生時に費用として処理しなければならない（para.68）。

発生時に費用処理する例として，開業準備活動の支出，訓練活動の支出，広告宣伝・販売促進のための支出，企業の移転や再編のための支出などがあります（para.69）。

事後の支出

事後の支出（すなわち，取得した無形資産の当初認識後または自己創設無形資産の完成後に発生した支出）は，稀にしか資産の帳簿価額に認識されません（para.20）。

取得した仕掛中の研究開発投資に対する事後の支出

個別または企業結合で取得して無形資産として認識した仕掛研究開発費に関する事後の支出のうち，無形資産の認識規準を満たす開発支出は資産計上します（paras.54-62）。

8 当初認識後の測定

次の2つの方法のいずれかを選択します（para.72）。

①原価モデル

当初認識の後に無形資産は，取得原価から減価償却累計額及び減損損失累計額を控除した金額で財政状態計算書に計上しなければなりません（para.74）。

②再評価モデル

当初認識の後に無形資産は，公正価値に基づく減価償却累計額と減損損失累計額を控除した金額で財政状態計算書に計上しなければなりません（para.75）。

なお，再評価モデルを適用する場合，同じ区分のすべての無形資産にも適用しなければなりません。ただし，無形資産に活発な市場がない場合を除きます。

また，再評価モデルは，（1）これまで資産として認識していなかった無形資産の再評価や，（2）取得原価以外の金額による無形資産の当初認識を認めていません（para.76）。

9 再評価の会計処理

①再評価で無形資産の簿価が増加する場合

その増加額は包括利益計算書にその他の包括利益として認識し，再評価剰余金の名称で資本に計上します（para.85）。

②再評価で無形資産の簿価が減少する場合

その減少額は費用として当期損益で認識しなければなりません（para.86）。ただし再評価剰余金の貸方残高があるときは，その金額の減少をその他の包括利益に認識します。

10 無形資産の償却

①耐用年数が確定できない場合※

毎年，減損テストを行います（償却は禁止されています）。

※なお，耐用年数が確定できないとは，関連するすべての要因の分析に基づいて，無形資産が企業への正味のキャッシュ・インフローをもたらすと期待される期間について予見可能な限度がない場合をいいます（para.88）。

各期間に事象および状況が耐用年数を確定できないかどうか再検討し，確定できる場合は，IAS8に従い会計上の見積りの変更として会計処理しなければならない（para.109）。

②耐用年数が確定できる（有限の）場合

減価償却を行います。

・償却の方法は，無形資産の経済的便益を企業が消費するパターンを最もうまく反映するものを選択しなければならない。

図表9-2　無形資産の価値変動プロセス

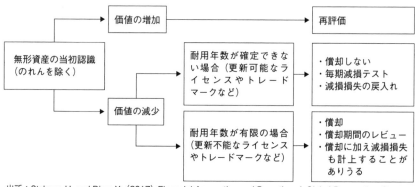

出所：Stolowy, H. and Ding, Y. (2017) *Financial Accounting and Reporting, A Global Perspective*, Cengage learning, p.297.

122

・残存価額は原則としてゼロとする。

・償却期間や償却方法の妥当性は少なくとも毎期，見直さなければならない。

11 無形資産の減損と除却・処分

　無形資産にも減損会計が適用されます。無形資産はその処分の時点，または将来の経済的便益が使用または処分から見込まれなくなった時点で認識の中止を行います（para.112）。

12 開示

　企業は，無形資産のクラスごとに，自己創設無形資産とその他の無形資産とを区別して，次の事項を開示しなければなりません（para.118）。

①耐用年数が確定できないのか確定できるのか，また，確定できる場合には，採用している耐用年数または償却率。

②耐用年数を確定できる無形資産について採用した償却方法。

③期首および期末の帳簿価額（償却累計額控除前）および償却累計額（減損損失累計額との合計）。

④無形資産の償却額が含まれている包括利益計算書の表示科目。

⑤期首および期末における帳簿価額の調整表。

◆ケーススタディ

アステラス製薬は2015年3月期の新薬候補への投資のうち，約100億円をIAS38に基づいて無形資産に計上し，残りを研究開発費とした。このような会計処理による影響を日本基準を適用した場合と比較して考えてみよう。

→解答例125ページ

```
メモ



```

【応用論点】　無形資産会計の問題点

・無形資産集約型企業の基礎となるバリュードライバーが財務諸表に反映されない。

・自己創設無形資産と外部から購入した無形資産の比較可能性が欠如している。

・資産回転率が有用な情報を提供しない。費用が正しく対応しない。外部から購入した無形資産が自己創設無形資産によって置き換わったときに財務業績に2回反映されてしまうなどの業績指標のゆがみが生じる。

　Shipper教授は，無形資産の現行基準は「アジャイル」なソフトウェア開発などの無形資産創造の変化や，暗号資産や排出権などの新たな無形資産に十分適合しているかについて問題提起を2023年にEAA（ヨーロッパ会計学会）で行っています。

発展学習　暗号資産の保有（その2）

　IASBは暗号資産の保有にIAS2が適用されない場合はIAS38を適用すると2019年6月に結論を下しています。

確 認 問 題

問1 次の文章を読んで，問いに答えなさい。

　ある企業が，新しい製造工程を開発中である。20X5年中に発生した支出は
CU1000であり，そのうち，CU900は20X5年12月1日よりも前に発生し，CU100は
20X5年12月1日から20X5年12月31日までの間に発生した。

　企業は，20X5年12月1日の時点で，この製造工程が無形資産としての認識規準
を満たしたことを立証することができる。決算日（20X5年12月31日）に無形資産
として財政状態計算書に認識される金額を答えなさい。

問2 問1の文章に基づいて，決算日に費用として包括利益計算書に認識される費用
の金額を答えなさい。

問3 問1の文章に加えて，次の文章を合わせて，20X6年の決算日に財政状態計書
に無形資産として認識される金額を答えなさい。

　20X6年中に発生した支出はCU2,000である。20X6年の期末現在，この工程に具
体化された技術上のノウハウの回収可能価額（工程を利用可能となるまでに完成さ
せるのに必要な将来のキャッシュ・アウトフローを含む）は，CU1,900と見積られ
る。なお，この企業は，当該工程の減損損失控除前の帳簿価額を回収可能価額に修
正するために減損損失を認識するものとする。

応 用 問 題

問い 日本基準で市場販売目的のソフトウェアである製品マスターの製作費のうち，
研究開発費に該当する部分以外は資産として計上される理由をあげなさい。

発 展 課 題

[課題] 自己創設無形資産の会計処理について，国際会計基準（IAS38）と日本基準
との相違点をまとめてみよう。

◆ケーススタディの解答例

・研究開発費を全額費用処理する日本基準と比べて利益が大きくなる。
・損益計算書への影響を抑えながら製品開発に取り組める。

第10章

連結財務諸表（IFRS10）

🖉 **事前学習**（この章の学習をする前に取り組んでみましょう）

[問い] 連結財務諸表と親会社の個別財務諸表を比べ，企業集団の業績
を判断するうえでどちらが優れているか，あなたの考えをまと
めてみよう。

_____

_____

_____

_____

_____

_____

1 連結財務諸表とは

連結財務諸表（consolidated financial statements）とは，親会社およびその子会社の資産，負債，資本，収益，費用およびキャッシュ・フローを単一の経済的実体のものとして表示する企業集団の財務諸表をいいます。

簡単にいうと，連結財務諸表は企業集団（企業グループ）を単一の事業体とみなして作成する企業集団の財務諸表のことです。したがって，連結財務諸表は，企業集団の財政状態，経営成績，キャッシュ・フローの状況についての財務情報を提供します。

国際財務報告基準（IFRS10）は，企業が他の企業を支配している場合の連結財務諸表の表示と作成に関する原則を定めることを目的としています（para.1）。本章では連結財務諸表に関する基礎知識と連結財務諸表の作成手続について理解することを目標とします。

それでは，まず，専門用語の定義について確認しておきましょう。

---

①親会社（parent company）とは，1つまたは複数の企業を支配している企業をいう。

②子会社（subsidiary）とは，他の企業に支配されている企業をいう。

③企業集団：親会社およびその子会社をいう。

④非支配持分（non-controlling interest）とは，子会社に対する持分のうち，親会社に直接または間接に帰属しないものをいう。

⑤投資先に対する支配（control of an investee）とは，投資者が投資先への関与により生じる変動リターンに対するエクスポージャーまたは権利を有し，かつ，投資先に対するパワーによってリターンに影響を及ぼす能力を有している場合には，投資先を支配している。

---

⑥関連性のある活動（relevant activities）とは，投資先の活動のうち投資先のリターンに重要な影響を及ぼす活動をいう。

⑦パワー（power）とは，関連性のある活動を指図する現在の能力を与える現在の権利をいう。

⑧防御的な権利（protective rights）とは，その権利が関係する企業に対するパワーを与えることなく，権利を有する当事者の利益を保護するように設計された権利をいう。

⑨意思決定者（decision maker）とは，意思決定権を有する企業であって，本人または他の当事者の代理人のいずれかであるもの

⑩投資企業（investment entities）とは，次のすべてに該当する企業をいう。

　(a) 1つまたは複数の投資者から，当該投資者に投資管理サービスを提供する目的で資金を得ている。

　(b) 投資者に対して，自らの事業目的は資本増価，投資収益，またはその両方からのリターンのためだけに資金を投資することであると確約している。

　(c) 投資のほとんどすべての測定および業績評価を公正価値ベースで行っている。

※リターンの定義を欠いています（たとえば，払い戻しをどのように考えるかなど）。

2 連結財務諸表の作成

　親会社である企業は，連結財務諸表を表示しなければなりません。国際財務報告基準（IFRS10）は，次の場合を除き，すべての企業に適用されます（para.4）。

親会社は次の4条件のすべてを満たす場合は連結財務諸表を作成する必要がありません。

①親会社が100％子会社または100％未満の子会社であり，他の所有者が，親会社の連結財務諸表を表示しないことに反対していない。

②親会社の負債性または資本性金融商品が公開市場で取引されていない。

③親会社が公開市場で何らかの金融商品を発行する目的で証券委員会その他の規制機関に財務諸表を提出しておらず，提出する過程にもないこと。

④最上位または中間親会社がIFRSに準拠した公表用の連結財務諸表を作成している。

3 連結の範囲

　投資者（投資企業）は，企業（投資先）への関与の内容にかかわらず，投資先を支配しているかどうかを判定し，自らが親会社であるかどうかを決定しなければならない（para.5）。

　つまり連結財務諸表を作成する親会社は，支配が存在する国内・国外のすべての子会社を連結しなければなりません。

連結の範囲の判断基準

　投資企業は，次の3要素をすべて有する場合は投資先（被投資企業）を支配しています（para.7）。

　したがって，3要素をすべて満たす企業（投資先）は連結の範囲に含めていきます。

①投資先に対するパワー（パワー）

　投資企業は，関連性のある活動（relevant activities）を指図する現在の能力を与える既存の権利を有している場合には，投資先に対するパワー

を有している。

②投資先への関与によって生じる変動リターンに対するエクスポージャーまたは権利（リターン）

　投資企業は，その関与により生じる投資企業のリターンが，投資先の業績の結果によって変動する可能性がある場合，投資先への関与によって生じる変動リターンに対するエクスポージャーまたは権利を有している。

③投資企業のリターンの額に影響を及ぼすように，投資先に対するパワーを用いる能力（関連性）

　投資企業は，投資先に対するパワーおよび投資先への関与によって生じる変動リターンに対するエクスポージャーまたは権利を有するだけでなく，投資企業への関与によって生じるリターンに影響を及ぼすように，投資先に対するパワーを用いる能力を有している。

☞確認問題 問1 に挑戦しよう

　上記①の要件で，パワーは権利から生じ，パワーの評価の目的上，実質的な権利及び防御的でない権利のみを考慮しなければなりません（para.B9）。ここで投資企業にパワーを与える可能性のある権利の例として，次のものが例示されています（para.B15）。

　ⅰ）投資先の議決権（または潜在的議決権※）の形をとる権利。
　ⅱ）関連性のある活動を指図する能力のある投資先の経営幹部のメンバーの選任，職業変更または解任を行う権利。
　ⅲ）関連性のある活動を指図する別の企業を指名または解任する権利。
　ⅳ）投資者の便益のために，取引を行うことを投資先に指図するか，または取引の変更を拒否する権利。

ⅴ）その他の権利で，関連性のある活動を指図する能力を保有者に与える
もの（経営管理契約で特定された意思決定権など）。
※潜在的議決権は実質的である場合にのみ考慮が必要となります。

　このように，上記①の要件は，議決権のみならず，議決権以外の権利も含
めて判断します。つまり，議決権の保有が過半数に満たない場合でも，他の
議決権保有者の議決権の数や分散の程度により事実上の支配が生じることが
あります。

　上記②の要件で，投資企業が投資先への関与により生じる変動リターンに
晒されているかまたは権利を有しているかどうかを判断します（para.B55）。

　上記③の要件で，意思決定権を有する投資企業は自らが本人なのか代理人
なのかを決定※しなければなりません。代理人である投資企業は，委任され
た意思決定権を行使する場合でも被投資企業を支配していません（para.18）。
※意思決定権限の範囲，他の当事者が保有する権利，報酬，他の関与により生じるリタ
　ーンの変動性に対するエクスポージャーという４つの要因を考慮して決定します。

　このようにIFRS10では，原則主義に基づいて，支配が存在するすべての
会社を連結します。これによって事実上支配されている会社が連結されない
ことから生じる会計不正を防止できるとされます。

　連結会計実務へのIFRS10の影響として，IFRS10の導入初年度に報告され
る子会社数が顕著に少なくなったケースがみられたといいます。これは議決
権の保有が過半数に満たない子会社をIFRS10の適用後に連結の範囲に含め
なくなったことが原因とされます。

　この結果，連結上の純利益の投資に対する有用性が低下しているといわれ
ます。その一方で，連結上の持分は投資に対する有用性が上昇しているとさ
れます。

　なお，IFRS10の導入に伴い，支配の有無の評価に重大な変化が生じてい
るかどうかについては研究者によって見解が分かれているとされます。

4 会計処理の要求事項

親会社は，類似の状況における同様の取引および他の事象に関し，統一された会計方針を用いて，連結財務諸表を作成しなければなりません（para.19）。投資先の連結は，投資者が投資先に対する支配を獲得した日から開始し，投資先に対する支配を喪失した日に終了しなければなりません（para.20）。

それでは，連結財務諸表の作成手順について，おおまかな流れを下記で確認しましょう。続いて，各手順をもう少し詳しく学習していきましょう。

参考 連結財務諸表の作成手続※

①親会社と子会社の個別財務諸表を単純に合算する→②親会社の投資勘定と子会社の資本勘定の相殺消去→③企業集団内の取引および債権債務残高の相殺消去（および未実現利益の消去）

※これらの会計処理をほとんどの場合，連結精算表上で行います。

【応用論点】　段階取得とは

段階取得，すなわち親会社（取得企業）が子会社（被取得企業）を段階的に取得した場合は，取得企業は従来保有していた被取得企業に対する資本持分を，取得日の公正価値で再測定し，それにより利得または損失が生じる場合には，（中略）純損益またはその他の包括利益に認識しなければならない（IFRS3, para.42）。

学習が進んでいる人向けの応用仕訳 [1]　段階取得

P社はS社の株式の一部の200を20X1年4月1日に現金で購入した。その後，20X1年7月30日にさらに追加でS社の株式1,000を現金で購入し，S社に対する支配を獲得した。7月30日時点における4月1日購入分のS社株式の時価（＝公正価値）は240である。

IFRSにおける段階取得の仕訳を示しなさい。→解答と解説は148頁

解答欄

　・20X1年 4 月 1 日
（借）　　　　　　　　　　　　　　　（貸）
　・20X1年 7 月30日
（借）　　　　　　　　　　　　　　　（貸）
（〃）　　　　　　　　　　　　　　　（〃）

5 連結手続

(1) 連結財務諸表の作成手続

①資産，負債，資本，収益および費用を，それぞれ対応する項目ごとに合
　算することによって，親会社と子会社の財務諸表を結合します（参考の
　①と対応）。
②連結財務諸表が，企業集団に関する財務情報を，単一の企業の財務情報
　として提供するために，次の〔ⅰ）からⅲ）の〕会計処理が行われます。

ⅰ）会社の投資勘定と子会社の資本勘定の相殺消去（参考の②と対応）

　連結財務諸表では，親会社と子会社を 1 つの企業グループ（経済実体）と
してとらえるので，親会社の子会社に対する投資勘定と子会社の資本勘定は，
自社が自社に資本投資を行っていることになります。したがって，親会社の
投資勘定と子会社の資本勘定を消去する必要があります（この結果，連結財
務諸表における資本勘定は，親会社の資本のみとなります）。

設例①

　親会社P社が子会社S社株式の100％を5,000で取得した（S社の資本は資本金

3,000，剰余金2,000）。投資と資本の相殺消去仕訳を示しなさい。

（借）　　　　　　　　　　　　　　　（貸）

（〃）

会計処理の考え方

　P社の個別財務諸表上では，借方にS社株式5,000が計上されており，一方，S社の個別財務諸表上では，貸方に資本金3,000と剰余金2,000が計上されている。これを次のような連結修正仕訳を行って，連結上のみ相殺消去します。

（借）資本金　3,000　　　（貸）S社株式　5,000

（〃）剰余金　2,000

　仮に，P社がS社株式の80％を4,000で取得した場合は，貸方がS社株式4,000と非支配持分1,000となります。

買入のれんと全部のれん

　ここでは，親会社が子会社の100％未満の持分を取得した場合をみていきます。この場合，親会社以外の株主に帰属する部分は非支配持分として示します。IFRSでは，（1）買入のれん方式と，（2）全部のれん方式の選択適用が認められています。

（1）買入のれん方式：

　支配獲得時の非支配持分の測定を子会社の識別可能な純資産の持分割合で測定する方法をいいます。なお，日本の連結会計基準では，この方法のみが認められています。

設例②

　P社がS社株式の80％を5,000で取得した（S社の資本は資本金3,000，剰余金2,000）。投資と資本の相殺消去仕訳を示しなさい。

（借）　　　　　　　　　　　　　　　（貸）
（〃）　　　　　　　　　　　　　　　（〃）
（〃）

会計処理の考え方

連結修正仕訳（連結精算表上で行う仕訳）は次のとおりです。

（借）資本金　3,000　　　　　　（貸）S社株式　　　5,000
（〃）剰余金　2,000　　　　　　（〃）非支配持分　1,000
（〃）のれん　1,000

（2）全部のれん方式：

支配獲得時の非支配持分の測定を公正価値で測定する方法をいいます。な
お，アメリカの連結会計基準では，この方法のみが認められています。

設例③

P社がS社株式の80％を5,000で取得した（S社の資本は資本金3,000，剰余金
2,000）。5,000には支配プレミアム500が含まれている。投資と資本の相殺消去仕
訳を示しなさい。

解答欄

（借）　　　　　　　　　　　　　　　（貸）
（〃）　　　　　　　　　　　　　　　（〃）
（〃）

会計処理の考え方

連結修正仕訳（連結精算表上で行う仕訳）は次のとおりです。

（借）資本金　3,000　　　　　　（貸）S社株式　　　5,000
（〃）剰余金　2,000　　　　　　（〃）非支配持分　1,125※
（〃）のれん　1,125

※（5,000-500）×20％÷80％＝1,125

ⅱ）内部取引の相殺消去（参考の③と対応）

企業集団内の債権債務残高，売上高，費用，配当をはじめとする企業集団内の取引は，全額消去されます。

消去しなければならない連結会社間取引（内部取引）の例

(a) 親会社が子会社に商品を販売した場合に，親会社が計上した売上と子会社の計上した売上原価は以下の連結修正仕訳を行います。

→（借）売上　×××　（貸）売上原価　×××

(b) 親会社が子会社に掛けで商品を販売し，代金が未払いの場合に，親会社が計上した子会社に対する売掛金と，子会社が計上した親会社への買掛金は以下の連結修正仕訳を行います。

→（借）買掛金　×××　（貸）売掛金　×××

内部利益（未実現利益）の相殺消去

企業集団内の取引から生じた未実現利益で，たな卸資産，固定資産などの資産の簿価に含まれているものは，全額消去されます。

☞確認問題 問2 に挑戦しよう

設例④

親会社P社が，同一の企業集団に属する子会社S社に商品を2,000で掛け販売し（販売代金のうち800は未回収），うち500が期末にS社のたな卸資産として残っているとする（P社の売上高総利益率は40％）。内部取引の相殺消去（上記（a）と（b））と内部利益の相殺消去の仕訳をしなさい。

解答欄

（借）	（貸）
（〃）	（〃）
（〃）	（〃）

　　まず，P社がS社に商品を販売した際に計上した売上2,000とS社の計上した売上原価2,000を連結修正仕訳で（借）売上高　2,000（貸）売上原価　2,000と処理します。次に，P社のS社に対する売掛金800とS社のP社に対する買掛金800を消去する連結修正仕訳を（借）買掛金800（貸）売掛金800と処理します。最後に，P社からS社に販売された商品のうち，期末にS社に残っているたな卸資産（在庫）500のうち，P社が販売時に計上した利益200（＝500×40％）を内部利益として消去する連結修正仕訳を（借）売上原価　200（貸）商品　200と処理します。

ⅲ）連結財政状態計算書および連結包括利益計算書における
非支配持分の表示

　連結財務諸表の作成において発生した非支配持分は，連結財政状態計算書の資本の部において親会社株主の持分とは区別して表示します。また，当期純利益およびその他の包括利益の各内訳項目を，親会社株主と非支配持分に帰属させます。連結損益計算書上，当期の純損益の内訳として，親会社株主に帰属する純利益および非支配持分に帰属する純損益を表示します。

【設例③】

　　子会社S社の個別財務諸表における当期純利益が500であった場合，連結修正仕訳を示しなさい（親会社P社の子会社S社に対する持株比率は80％とする）。

【解答欄】

　　（借）　　　　　　　　　　　　　　（貸）

【会計処理の考え方】

　　子会社S社が計上した当期純利益500のうち，100（＝500×20％）は親会社持分ではないので，次の仕訳を行い，連結上の損益から控除します。
　　（借）非支配持分に帰属する損益　100　（貸）非支配持分　100

☞確認問題 問3 に挑戦しよう

経済的単一体説と親会社説

- 国際会計基準で採用されている経済的単一体説は，連結財務諸表が親会社とそれ以外の株主の両方を含めた企業集団の利害関係者のために作成されると考えます。
- 経済的単一体説のもとでは，連結財政状態計算書の株主資本の部に表示される非支配持分は，株主資本の一項目とされます。

図表10-1　経済的単一体説と親会社説

	経済的単一体説	親会社説
非支配持分の表示	資本	資本以外
子会社の資産・負債の測定	全面時価評価法	部分時価評価法
のれん	全部のれん※	買入のれん
未実現利益の消去 　ダウンストリーム 　アップストリーム	全額消去・親会社負担方式 全額消去・持分比率按分方式	親会社持分相当額を消去する方式
連結利益	親会社株主に帰属する金額と非支配株主に帰属する金額の合計	親会社株主に帰属する金額のみ
連結子会社の欠損	非支配持分が負の残高となる場合でも親会社持分と非支配持分とに帰属させる	特別な取り決めがなければ親会社に帰属させる
支配獲得後の持分の変動	資本取引	損益取引

※IFRSでは，全部のれんと買入のれんの選択適用が認められる。

　一方，日本基準は，もともと親会社説を採用していましたが，最近では親会社説か経済的単一体説のいずれを採用しているか会計ルール上で明示していないといわれます。しかし，連結会計の具体的な会計処理をみると経済的単一体説にフィットするものが多くなってきていると考えられます。

　親会社説は，連結財務諸表が親会社の株主の立場で作成されると考えます。親会社説のもとでは，連結貸借対照表に表示される非支配株主持分の表示は，株主資本以外の純資産とされます。

(2) 企業集団内の決算日の統一

　連結財務諸表の作成に用いる親会社，およびその子会社の財務諸表の決算日は，実務上不可能な場合を除き同じ日付としなければなりません。親会社の決算日が子会社と異なる場合には，子会社は，連結のために，親会社の財務諸表と同日現在の追加的な財務情報を作成して，親会社が子会社の財務情報を連結できるようにします（para.B92）。しかし，実務上不可能な場合は，子会社の財務諸表の日付と連結財務諸表の日付との間に生じる重要な取引または事象の影響について調整を行ったうえで，子会社の直近の財務諸表を用いて子会社の財務情報を連結しなければなりません。ただし，いかなる場合でも子会社の財務諸表と連結財務諸表の日付の差異が3ヵ月を超えてはなりません（para.B93）。

(3) 企業集団内の会計方針の統一

　企業集団内では，統一的な会計方針を適用することが必要であり，そのためには親会社および連結子会社の個別財務諸表は同じ会計方針に基づいて作成される必要があります。

　このため，あるグループ企業が，類似の状況での同様の取引および事象について連結財務諸表で採用した以外の会計方針を使用している場合には，企業集団の会計方針への合致を確保するために，連結財務諸表の作成の際にそのグループ企業の財務諸表に適切な修正を行います（para.B87）。

(4) 親会社の子会社に対する持分比率の増減

　親会社の子会社に対する持分の変動のうち，親会社の子会社に対する支配の喪失とならないものは（たとえば，持分の追加取得や一部売却），所有者との資本取引として会計処理します（para.23）。

(5) 支配の喪失

親会社が子会社に対する支配を喪失した場合には，親会社は次のことを行います（para.25）。

①連結財政状態計算書から旧子会社の資産および負債の認識の中止を行う。

②旧子会社に対して保持している持分を支配喪失時の公正価値で認識し，その後は，当該持分および旧子会社との債権債務を，関連するIFRSに従って会計処理する。その公正価値は，IFRS9に従った金融資産の当初認識時の公正価値，または，該当がある場合には，関連会社または共同支配企業に対する投資の当初認識時の原価とみなさなければならない。

③従前の支配持分に帰属する，支配の喪失に関連した利得または損失を認識する。

図表10-2　投資の種類と支配の関係

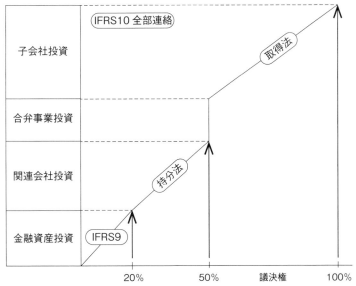

出所：Krimpmann, A.（2015）*Principles of Group Accounting under IFRS, Wiley, p.66.*

　P社は子会社S社の株式（帳簿価額500）の一部の350を20X2年5月15日に現金525で売却し，S社に対する支配を喪失した。S社株式の残りの時価（＝公正価値）は225であった。IFRSにおける支配の喪失の仕訳を示しなさい。→解答と解説は148頁

解答欄

　・20X2年5月15日
　S社株式の売却に伴う仕訳
　（借）　　　　　　　　　　　　　　　　　　（貸）
　　　　　　　　　　　　　　　　　　　　　　（〃）
　S社株式の残りを支配喪失日の公正価値で再測定する仕訳
　（借）　　　　　　　　　　　　　　　　　　（貸）

（6）企業が投資企業なのかどうかの決定

　親会社は，自らが投資企業なのかどうかを決定しなければならない。投資企業は，次のすべてに該当する企業である（para.27）。

　（a）投資者から，当該投資者に投資管理サービスを提供する目的で資金を得ている。

　（b）投資者に対して，自らの事業目的は資本増価，投資収益，またはその両方からのリターンのためだけに資金を投資することであると確約している。

　（c）投資のほとんどすべての測定および業績評価を公正価値ベースで行っている。

　企業は上述の定義に自らが該当するかどうかを評価する際に，次のような投資企業の典型的な特徴（①複数の投資を有している，②複数の投資者がいる，③企業の関連当事者ではない複数の投資者が存在する，④資本持分または類似の持分の形式での所有持分を有している）を有しているかどうかを考慮しなければならない（para.28）。

　下記の例外を除き，投資企業は，子会社を連結してはならず，また，他の

企業の支配を獲得したときにIFRS3「企業結合」を適用してはならない。それに代えて，投資企業は，子会社に対する投資をIFRS9「金融商品」に従って純損益を通じて公正価値で測定しなければならない（para.31）。

　ただし，自身が投資企業ではなく，主たる目的および活動が投資企業の投資活動に関連するサービスを提供することである子会社を投資企業が有している場合には，投資企業は，当該子会社を本基準書の第19項から第26項に従って連結し，こうした子会社の取得にIFRS3の要求事項を適用しなければならない（para.32）。

　投資企業の親会社は，投資企業である子会社を通じて支配している企業を含めて，支配しているすべての企業を連結しなければならない。ただし，親会社自身が投資企業である場合を除く（para.33）。

図表10-3　投資企業の連結の例外規定の概要

出所：窪田（2014）18頁。

6 わが国会計基準とのコンバージェンスの状況

　わが国では，企業会計基準第22号「連結財務諸表に関する会計基準」（平成25年9月改正）で，支配が一時的であると認められる場合や連結することにより利害関係者の判断を著しく誤らせる恐れのある会社を連結範囲から除外する規定があります。しかし，IFRS10にはこのような規定はありません。特別目的会社について，「適切な価額で譲り受けた資産から生ずる収益を発行する証券の所有者に享受させることを目的として設立されており，事業が

その目的に従って適切に遂行されているとき」わが国では連結の範囲に含めないことが認められています。しかし，IFRS10では特別目的会社についても支配が存在する場合は連結の対象となります。

また，日本基準やアメリカ基準には，IFRS10における中間親会社の連結財務諸表作成免除のような規定はみられません。

なお，IFRS10の新しい支配概念は，連結の範囲や連結財務諸表の内容を大きく左右する重要問題であり，わが国の支配概念とは大きく異なっています。IFRS10は，パワー，リターン，関連性という3つの要素の総合的判断で支配の評価を行うのに対し，日本基準は他の企業の意思決定機関を実質的に支配しているかどうかによって支配の評価を行います。このため，IFRS10と日本基準で子会社の判定が異なる可能性があり，将来的に支配概念や連結の範囲を再検討する必要性が指摘されています。

さらに，IFRS10は，支配の喪失時に旧子会社に対して保持している持分を公正価値で再測定することが必要（para.B98）ですが，日本基準では時価評価は求められていません。

【応用論点】　連結財務諸表における税効果会計

連結財務諸表においては，一時差異は，資産および負債の連結財務諸表上の帳簿価額と対応する税務基準額との比較により算定されます（IAS12, para.11）。すなわち，個別財務諸表上の帳簿価額を税務基準額とみなし，連結財務諸表上の帳簿価額との比較により差額が生じた場合を連結固有の一時差異として税効果の要否を検討します（窪田［2014］276頁）。

ここで**連結固有の一時差異**とは，親会社が子会社に対する支配を獲得した後の子会社における損益の計上，その他の包括利益の計上および累積為替差額の計上等の理由により生じた親会社の個別財務諸表上の帳簿価額と連結上の帳簿価額との差異をいいます（窪田［2014］279頁）。

図表10-4　連結財務諸表における税効果会計

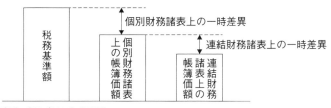

出所：窪田（2014）276頁。

📖発展学習　赤字子会社の欠損

　国際財務報告基準（IFRS10）は，包括利益合計は，非支配持分が負の残高となる場合であっても親会社の所有者と非支配持分とに帰属させるとしています（para.B94）。つまり，赤字子会社の非支配株主が出資額を上回る負担を必要とするケースが会計ルール上は存在し得ると解釈できます。

　しかし親会社による保証または支援の取決めにより，資本を上回る子会社の損失から非支配株主が保護されることはよくみられるとされます。

　一方，日本では，親会社が子会社の債権者に保証債務契約等や信用維持のために子会社の債務の肩代わり等を行うケースが多いとされます。このため赤字子会社の欠損のうち，非支配株主に帰属する額が非支配株主の出資額を上回る場合，親会社の持分に負担させます。

参考文献

　窪田俊夫（2014）『国際会計基準　連結会計の実務』清文社。

確認問題

問1 次の文章の空欄（①）～（④）に語句を記入しなさい。

・投資企業は，被投資企業を（①　　　　）する場合に被投資企業を（②　　　　）する。

・投資企業は，(1) 被投資企業に対する（③　　　　），(2) 被投資企業への関与からの（④　　　　）の変動性に対するエクスポージャーまたは権利，(3) 投資企業の（④　　　　）の額に影響を及ぼすように，投資先に対する（③　　　　）を用いる能力の 3 要素をすべて保持する場合に被投資企業を（①　　　　）する。

問2 連結財務諸表を作成する際の処理について，次のうち誤っているものを選びなさい。

①企業集団内で生じた未実現利益は，すべて消去しなければならない。

②企業集団内の取引から生じた未実現損失は，すべて消去しなければならない。

③企業集団内の債権債務残高はすべて消去しなければならない。

④企業集団内の取引高は，すべて消去しなければならない。

問3 次の文章を読んで，問いに答えなさい。

　親会社A社は子会社B社の株式を100％保有している。20X5年10月 1 日，A社はB社に商品20,000を掛けで販売した。この取引の売上高総利益率は，他の顧客への販売の場合と同じであった。販売代金のうち，7,000については，20X5年11月 1 日に現金で支払われたが，残りは未払いである。20X5年12月 1 日，B社はA社から仕入れた商品のうち90％を，現金24,000で外部に販売した。残りの10％は，期末たな卸資産として手元に残っている。

　下記のデータより，①20X5年のA社グループの連結包括利益計算書の売上高と，②20X5年のA社グループの連結財政状態計算書の売掛金を計算しなさい。

データⅠ：A社およびB社の包括利益計算書からの抜粋

	A社	B社
売上高	60,000	24,000
売上原価	30,000	18,000
売上総利益	30,000	6,000

146

データⅡ：A社およびB社の財政状態計算書からの抜粋

	A社	B社
売掛金	30,000	―
たな卸資産	15,000	2,000
買掛金	20,000	13,000

応 用 問 題

問1　日本では連結会社相互間の商品売買取引から生ずる未実現利益を消去する場合，その税効果は税効果会計基準において資産負債法の例外として取り扱われます。これに対し，IFRSのもとで資産負債法に従った場合の未実現利益の消去にかかる税効果の会計処理を説明しなさい。

問2　日本では連結財務諸表と個別財務諸表で一部を除いて同一の会計処理が行われています。そこで（1）連結財務諸表と個別財務諸表で異なる会計処理が行われていることを何といいますか。（2）また，その具体例を3つあげなさい。

問3　日本で連結と持分法による会計処理の間の主な差異を親会社株主に帰属する当期純利益および株主資本に与える影響の観点から示しなさい。

発 展 課 題

[課題]　IFRS10の支配概念についてまとめ，わが国の連結会計基準における支配概念と比較して，相違点について指摘してください。

解答と解説（応用仕訳［1］）

・20X1年4月1日

（借）S社株式　　200　（貸）現金　　　　200

・20X1年7月30日

（借）S社株式　1,000　（貸）現金　　　1,000

（〃）S社株式　　 40　（〃）評価差額　　40

解答と解説（応用仕訳［2］）

・20X2年5月15日

S社株式の売却に伴う仕訳

（借）現金　　　　525　（貸）S社株式　　350

　　　　　　　　　　　（〃）売却損益　　175

S社株式の残りを支配喪失日の公正価値で再測定する仕訳

（借）S社株式　　 75　（貸）評価差額　　75

　　IFRS10は，子会社の支配を喪失した場合，旧子会社に対して保持している投資を支配喪失日の公正価値で再測定します（para.B98）。

第11章

顧客との契約から生じる収益 (IFRS15)

✏️ **事前学習**（この章の学習をする前に取り組んでみましょう）

[問い] IFRS15を日本に導入したことによる影響について，あなたの考えをまとめてみよう。

1 IFRS15の意義

　IFRS15「顧客との契約から生じる収益」は，収益認識の新しい会計基準として2018年1月1日から適用されています。**収益認識**とは，簡単にいうと，顧客や取引先との商取引により生じる売上の金額を決めて会計帳簿に記録することをいいます。

　それでは，収益について，もう少し細かく学習しておきましょう。

2 収益（revenue）とは

　収益（revenue）とは，広義の収益（income）のうち，企業の通常の活動の過程で生じるものをいいます。

📖参考 広義の収益（income）と収益（revenue）の関係

　概念フレームワークにおいて広義の収益（income）は，「会計期間中の資産の流入もしくは増価または負債の減少の形をとる経済的便益の増加であり，持分参加者からの拠出.以外の持分の増加を生じさせるもの」として定義されています。

　このように広義の収益（income）には，収益（revenue）と利得（gain）の両方が含まれています。

3 IFRS15の目的

　本基準の目的は，顧客との契約から生じる収益およびキャッシュ・フローの性質，金額，時期および不確実性に関する有用な情報を財務諸表利用者に報告するために，企業が適用しなければならない原則を定めることであると

されます（para.1）。

　そのため，企業が収益の認識を，約束した財またはサービスの顧客への移転を，当該財またはサービスと交換に企業が権利を得ると見込んでいる対価を反映する金額で描写するように行わなければならないという原則が示されています（para.2）。

IFRS15の適用範囲

　企業は，次のものを除き，顧客とのすべての契約に本基準を適用しなければなりません（para.5）。

・リース契約（IFRS16）の範囲に含まれるリース契約。

・保険契約（IFRS17）の範囲に含まれる保険契約。

・金融商品（IFRS9），連結財務諸表（IFRS10），共同支配の取決め（IFRS11），個別財務諸表（IAS27），関連会社および共同支配企業に対する投資（IAS28）の範囲に含まれる金融商品および契約上の権利または義務。

・顧客または潜在的顧客への販売を容易にするための，同業他社との非貨幣性の交換（たとえば，2つの石油会社の間で，異なる特定の場所における顧客からの需要を適時に満たすために石油の交換に合意する契約には，本基準は適用されない）。

4 会計処理の要点

・収益に関する会計上の主要な問題は，どの時点で収益を認識するかということであるとされます。

・IFRS15では収益は，次の**5つのステップ**に基づいて認識されます。

　ステップ1　顧客との契約の識別

　ステップ2　契約における履行義務の識別

ステップ3　取引価格の算定

ステップ4　取引価格の履行義務への配分

ステップ5　履行義務の充足時（または充足につれて）の収益認識

✐ 確認しよう

- 契約（contract）：強制可能な権利および義務を生じさせる複数の当事者間の合意のこと。
- 履行義務（performance obligation）：顧客に対して①区別できる財またはサービス（またはそれらの束）あるいは，②区別できる一連の実質的に同一の財またはサービスで顧客に移転するパターンが同一であるもの，を移転するための顧客との契約における約束のこと。
- （財またはサービスの）独立販売価格（stand-alone selling price）：企業が約束した財またはサービスを独立に顧客に販売するであろう価格のこと。
- 資産に対する支配とは，当該資産の使用を指図し，当該資産からの残りの便益のほとんどすべてを獲得する能力を指します。支配には，他の企業が資産の使用を指図して資産から便益を得ることを妨げる能力が含まれます（para.33）。

☞確認問題 問1 に挑戦しよう

それでは，これから収益認識の5つのステップについて学習を進めていきましょう。

5 ステップ1　顧客との契約の識別

顧客との契約は，次の5つの要件すべてに該当する場合に会計処理の対象とされます（para.9）。

①契約の当事者が契約を承認（書面で，口頭でまたは他の取引慣行に従って）しており，それぞれの義務の履行を確約している。

②企業が，移転すべき財またはサービスに関する各当事者の権利を識別できる。

③企業が移転すべき財またはサービスに関する支払条件を識別できる。

④契約に経済的実質がある（契約の結果として企業の将来キャッシュ・フローのリスク，時期または金額が変動すると見込まれる）。

⑤企業が，顧客に移転する財またはサービスと交換に権利を得ることとなる対価を回収する可能性が高い（対価の金額の回収可能性が高い※かどうかを評価する際に，企業は，顧客が期限到来時に当該対価の金額を支払う能力と意図だけを考慮しなければならない）。

※IFRS15における「可能性が高い（probable）」は，「発生する可能性の方が高い（more likely than not）［50%超］」と定義されています。一方，アメリカ基準では，probable は将来の事象が発生する可能性が高い（likely to occur）ことを意味し，より高い確率が求められます。

なお，各契約当事者が他の当事者に補償することなしに完全に未履行の契約を解約する，一方的で強制可能な権利を有する場合には，契約は存在しないとされます（para.12）。

また，顧客との契約が第9項の要件に該当せず，企業が顧客から対価を受け取る場合には，次のいずれかの事象が発生している場合にのみ，受け取った対価を収益として認識しなければなりません（para.15）。

①企業が顧客に財またはサービスを移転する残りの義務を有しておらず，かつ，顧客が約束した対価のすべてまたはほとんどすべてを企業が受け取っていて返金不要である。

②契約が解約されており，顧客から受け取った対価が返金不要である。

契約の結合

企業は，次の要件のいずれかに該当する場合には，同一の顧客（または顧客の関連当事者）と同時または，ほぼ同時に締結した複数の契約を結合して，単一の契約として会計処理しなければならない（para.17）。

①契約が単一の商業的目的を有するパッケージとして交渉されている。

②1つの契約で支払われる対価の金額が，他の契約の価格または履行に左右される。

③複数の契約で約束した財またはサービス（または各契約で約束した財またはサービスの一部）が単一の履行義務である。

6 ステップ2 契約における履行義務の識別

契約は，顧客に財またはサービスを移転する約束を含んでいます。それらが区別できる場合は，別個の履行義務として会計処理されます。

次の2つの要件をともに満たす場合，顧客に約束している財やサービスは別個のものであるとされます（para.27）。

①顧客は財またはサービスからそれ単独で，または，容易に利用可能な他の資源と一体として便益を得ることができる。

②顧客に財またはサービスを移転する企業の約束は，契約上，他の約束と区別して識別できる。

(設例①)

　ソフトウェア開発の会社が顧客企業と2年間のソフトウェアライセンス売却，インストールサービス，ソフトウェアのアップデート，テクニカルサポートの契約を結んだ。履行義務の識別はどうなるか。

(会計処理の考え方)

　この場合，顧客企業はソフトウェアライセンス，インストールサービス，ソフトウェアのアップデート，テクニカルサポートを別個の履行義務として識別します。

7 ステップ3 取引価格の算定

　取引価格とは，約束した財やサービスの移転と交換に企業が権利を得ると見込んでいる対価の金額であるとされます（para.47）。

しかし税金（たとえば，一部の売上税）など企業が第三者のために回収する金額は取引価格には含まれません。

　契約において約束された対価が変動性のある金額を含んでいる場合，企業は，約束した財またはサービスの顧客への移転と交換に権利を得ることとなる変動対価の金額を見積らなければなりません（para.50）。ここで，そのような例として，値引き，リベート，返金，クレジット，価格譲歩，インセンティブ，業績ボーナス，ペナルティ，または類似の項目があげられます。変動対価の金額を見積る方法として，期待値法と最頻値法などがあります。

　企業は，変動対価の金額の見積りを次のいずれかの方法を用いて行わなければなりません（para.53）。

①期待値

　期待値とは，考え得る対価の金額の範囲における確率加重金額の合計をいいます。

②最も可能性の高い金額（最頻値）

　最も可能性の高い金額とは，考え得る対価の金額の範囲における単一の最も可能性の高い金額をいいます。

　返金負債について，企業は，顧客から対価を受け取り，その対価の一部または全部を顧客に返金すると見込んでいる場合には，返金負債を認識しなければなりません。返金負債は，受け取ったまたは受け取る対価の金額のうち，企業が権利を得るとは見込んでいない金額（すなわち，取引価格に含まれない金額）で測定されます（para.55）。

IFRS15は，変動対価に関する不確実性に対して財務諸表に認識できる変動対価の金額に制限を設けています。

変動対価は，その不確実性が解消される将来に，収益の累計額の重大な戻入れが生じない可能性が非常に高い範囲でのみ取引価格に含められます（para.56）。

契約に重大な金融要素（利息部分）が含まれる場合，すなわち，契約で合意した支払の時期により，顧客または企業に顧客への財またはサービスの移転に係る資金提供の重大な便益が提供される場合は，約束された対価の金額を貨幣の時間価値の影響について調整します（para.60）。

ただし，実務上の簡便法として，財またはサービスを顧客に移転する時期と顧客の支払時点との間の期間が1年以内となっている場合は，重大な金融要素の影響について調整する必要はないとされます（para.63）。

現金以外の対価（または現金以外の対価の約束）を公正価値で測定する（para.66）が，困難な場合は交換で顧客に約束した財またはサービスの独立販売価格を参照して間接的に行う（para.67）。

顧客に支払われる対価には，企業が顧客に対して支払うか，または支払うと見込んでいる現金金額，企業に対する債務金額に充当できるクレジットまたは他の項目（たとえば，クーポンまたはバウチャー）も含まれます（para.70）。

8 ステップ4　取引価格の履行義務への配分

契約が複数の履行義務からなる場合，企業は取引価格を独立販売価格の比率により，それぞれの履行義務に配分します。

設例②

企業は製品X，Y，Zを製造している。このうち独立販売価格は製品Xは30，製

品Yは70であるが，製品Xと製品Yはセット価格90で販売されている。製品X，Y，Z3つの取引価格が120のとき，製品X，Y，Zの金額をそれぞれ計算しなさい。

会計処理の考え方

製品Zは残余アプローチにより（$120-90=30$）と計算する。製品X（$30 \times \dfrac{90}{100} = 27$），製品Y（$70 \times \dfrac{90}{100} = 63$）となる。

独立販売価格が直接，観察可能でない場合は，企業はそれを見積る必要があります（para.78）。ここで，財またはサービスの独立販売価格を見積るための適切な方法として，①調整後市場評価アプローチ，②予想コストにマージンを加算するアプローチ，③残余アプローチなどの方法が示されています（para.79）。

①調整後市場評価アプローチ

財・サービスを販売する市場を評価して，顧客が支払ってもよいと考えるであろう価格を見積るアプローチ。

②予想コストにマージンを加算するアプローチ

履行義務の充足の予想コストを見積り，それに適切なマージンを加算するアプローチ。

③残余アプローチ

契約全体の取引価格から，他の財・サービスの観察可能な独立販売価格の合計を控除することにより算定するアプローチ。

残余アプローチを使用できるのは，次の要件のいずれかに該当する場合だけであるとされます。

・企業が同一の財またはサービスを異なる顧客にほぼ同時に広い範囲の金額
　で販売している（販売価格の変動性が高い）。

・企業が当該財またはサービスについての価格をいまだ設定しておらず，独立して販売されたことがない（販売価格が不確定である）。

9 ステップ5　履行義務の充足時の収益認識

　履行義務の充足は，約束された財やサービスを顧客に移転することにより達成されます。

　この移転は顧客が当該財やサービスの支配を獲得した時点で生じるとされます（para.31）。

　ここで資産に対する支配とは，当該資産の使用を指図し，当該資産からの残りの便益のほとんどすべてを獲得する能力を指します（para.33）。

　収益は，一時点あるいは一定の期間にわたって支配が顧客に移転するのに伴って認識されます。

(1)　一定の期間にわたり充足される履行義務

　多くのサービスや工事契約で次の要件のいずれかに該当する場合には，企業は一定の期間にわたって収益を認識します（para.35）。

①顧客が企業の履行によって提供される便益を企業が履行するにつれて同時に受け取って消費する。

②企業の履行によって，資産が創出されるかまたは増価し，当該資産の創出または増価につれて顧客が当該資産を支配する。

③企業の履行により，企業が他に転用できる資産が創出されず，現在までに完了した履行についての支払を受ける権利が企業にある。

※一定の期間にわたる収益の認識は契約履行の進捗度に従います。IFRS15はアウトプット法とインプット法の両方が認められています。

　なお，契約の初期段階など，企業が履行義務の結果を合理的に測定するこ

とができないが，当該履行義務を充足する際に発生するコストを回収すると見込んでいる場合には，企業は当該履行義務の結果を合理的に測定できるようになるまで，収益の認識を発生したコストの範囲でのみ行う（para.45）。これを**原価回収基準**といいます。

(2) 一時点で充足される履行義務

企業が一定の期間にわたって履行義務を充足しない場合，一時点で履行義務を充足します（para.38）。この場合，収益は支配が移転したある特定の時点で認識されます。

図表11-1　履行業務の充足時点の判定

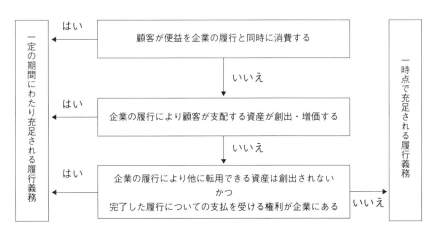

支配の移転の時点を示す要因は次のとおりであるが，これだけには限定されません。

①企業が資産に対する支払を受ける現在の権利を有していること。

②顧客が資産の法的所有権を有していること。

③企業が資産の物理的な占有を移転すること。

④顧客が資産の所有にかかる重要なリスクと経済価値を有すること。

⑤顧客が資産を検収していること。

☞確認問題 問2 問3 に挑戦しよう

収益認識基準の特徴

新しい収益認識の会計基準は資産負債アプローチにもとづき履行義務の充足時に収益を認識することとしています。

新しい収益認識モデルの導入後，収益の将来の利益を予測する能力と収益の情報の比較可能性が高まったとされます。また，収益のキャッシュ・フローへの写像が改善したとされます。しかし，その一方で，収益の認識および測定に関してインパクトが相対的にみてほとんどないともいわれています。

契約コスト

契約コストには，（1）契約獲得時の増分コストと（2）契約を履行するためのコストがあります。これらは償却および減損の対象となります。

（1）契約獲得の増分コスト

契約獲得の増分コストとは，顧客との契約を獲得するために企業に発生したコストで，当該契約を獲得しなければ発生しなかったであろうものである（たとえば，販売手数料）（para.92）。企業は，顧客との契約獲得の増分コストを回収すると見込んでいる場合には，当該コストを資産として認識しなければならない（para.91）。

一方，契約を獲得するためのコストのうち，契約を獲得したかどうかに関係なく発生したであろうコストは，発生時に費用として認識しなければならない（para.93）。

企業は，認識するはずの資産の償却期間が1年以内である場合には，契約獲得の増分コストを発生時に費用として認識することができる（para.94）。

（2）契約を履行するためのコスト

企業は契約を履行するために生じたコストが，（IAS2，IAS16，IAS38などの範囲に含まれておらず）次の要件のすべてに該当するとき，当該コストから資産を認識しなければならない（para.95）。

①当該コストが，契約または企業が具体的に特定できる予想される契約に直接関連している。

②当該コストが将来において履行義務の充足（または継続的な充足）に使用される企業の資源を創出するか，または増価する。

③当該コストの回収が見込まれている。

10 表示および開示

表示

契約のいずれかの当事者が履行している場合には，企業は，当該契約を財政状態計算書において，企業の履行と顧客の支払との関係に応じて，契約資産または契約負債として表示しなければならない。企業は対価に対する無条件の権利を債権として区分表示しなければならない（para.105）。

契約資産（contract asset）

企業が顧客に移転した財またはサービスと交換に受け取る対価に対する企業の権利。

対価に対する無条件の権利［債権］を有していない場合に用います。

契約負債（contract liability）

企業が顧客に財またはサービスを移転する義務のうち，企業が顧客から対価を受け取っている（または対価の金額の期限が到来している）もの。

開示

　開示要求の目的は，顧客との契約から生じる収益およびキャッシュ・フローの性質，金額，時期および不確実性を財務諸表利用者が理解できるようにするための十分な情報を企業が開示すること。

　この目的を達成するため，企業は①顧客との契約，②当該契約に本基準を適用する際に行った重要な判断および当該判断の変更，③顧客との契約の獲得または履行のためのコストから認識した資産，に関する定量的情報および定性的情報を開示しなければならない（para.110）。

✎ 確認しよう　本人なのか代理人なのかの検討

　企業が，特定された財またはサービスを当該財またはサービスが顧客に移転される前に支配している場合には，企業は本人である（para.B35）。

　企業が本人であるという指標には，次のようなものがあります（para.B37）。

①企業が，特定された財またはサービスを提供する約束の履行に対する主たる責任を有している。

②特定された財またはサービスが顧客に移転される前，または顧客への支配の移転の後（たとえば，顧客が返品の権利を有している場合）に，企業が在庫リスクを有している。

③特定された財またはサービスの価格の設定において企業に裁量権がある。

11 IFRS15の残された課題

　販売価格の見積りに関して，財やサービスを個別に販売できないため，履行義務を他の企業に移転することができない場合の出口価格の見積りが主観的になる恐れがあります。

　回収可能性に関して，IASBとFASBのいずれも「可能性が高い（probable）」という閾値が使用されています。しかし，その意味内容が異なっており，IFRS15の方が回収可能性を決定する基準が低いため，国際的に不整合が生じる恐れがあります。

12 わが国会計基準とのコンバージェンスの状況

　わが国では2018年 3 月にIFRS15の定めを基本的にすべて取り入れた企業会計基準第29号「収益認識に関する会計基準」と企業会計基準適用指針第30号「収益認識に関する会計基準の適用指針」を公表し，IFRS15とのコンバージェンスをはかっています。さらに2020年 3 月に会計基準の改正を行い，表示および注記事項の定めを追加しています。2021年 4 月から適用開始されています。

　わが国では，契約コストの規定がないのに対して，IFRS15では契約コストを認識することを求めている点が異なります。また，非金融資産の売却取引について，わが国では，企業の通常の営業活動により生じたものでない固定資産の売却については，収益認識に関する会計基準の適用範囲に含まれないのに対して，IFRS15では適用対象となる点も異なります。

発展学習　　重要性等に関する代替的な取扱い

　わが国では，国際的な比較可能性を大きく損なわせない範囲で重要性等に関する代替的な取扱いが認められています（適用指針第30号92項〜104項）。

確 認 問 題

問1　IFRS15に基づいて，次の（　　）に正しい語句を記入しなさい。

収益は，次の５つのステップに基づいて認識されます。

ステップ１　顧客との（　　　　）の識別

ステップ２　契約における（　　　　　　）の識別

ステップ３　取引（　　　）の算定

ステップ４　取引価格の履行義務への（　　　　）

ステップ５　履行義務の（　　　　）時（または（　　　　）につれて）の収益認識

問2　下記の取引からF社の20X8年度の収益を計算しなさい。なお決算日は12月31日である。

・20X8年９月１日にF社は，15台の車をG社に販売する契約を結んだ。車は１台10,000,000で同年11月15日に５台，12月10日に５台，翌年１月25日に５台を引き渡した。なお，代金は12月25日にまとめて受け取った。

・20X8年11月20日にF社は，B社に10台の車の販売を委託する契約を結んだ。車の売値は１台10,000,000である。B社は同年12月20日に３台，翌年１月20日に３台を第三者に販売した。販売代金は20X9年１月25日にB社からF社にまとめて入金した。

問3　次の文章を読んで，問いに答えなさい。

当社はデパートである。会社の方針として，お客様が満足しない場合は１ヵ月以内であれば商品の購入代金の返金が明記され，実際に適用されている。当社はIFRS15のもとで，20X8年１月26日に販売した商品500,000の収益をいつ認識するか答えなさい。

応 用 問 題

問1　消費者向け商品Bを製造している当社は，大手小売チェーンT社（顧客）に商品Bを販売する１年契約を20X3年７月１日に結んだ。T社は，１年間に少なくともCU12百万の製品を購入すること，および契約開始時にCU1.5百万の返金不能の支払いを行うことになっている。このCU1.5百万の支払いは，T社が当社の製品を収容するために棚に加える必要のある変更について補償する対価である。

（1）20X3年7月1日の当社の仕訳を示しなさい。

（2）20X3年11月25日に当社がT社に商品B，CU3百万を掛けで販売した場合の仕訳を示しなさい。

問2　商品または製品に対する物理的占有と支配の移転が一致していない契約を2つ示しなさい。

発 展 課 題

［課題］　IFRS15をもとにした収益に関する新しい会計基準がわが国にも導入された。わが国に導入された会計基準（企業会計基準第29号「収益認識に関する会計基準」）の内容について調べ，まとめてみよう。また，重要性等に関する代替的な取扱いについても確認しよう（適用指針第30号92項〜104項）。

確 認 問 題 の 答 え

第1章

問い ①IASB　②14　③9　④IFRS　⑤2007　⑥2011　⑦コンバージェンス
　　　⑧ピース・ミール・アプローチ　⑨277　⑩資本市場

第2章

問1 投資者，融資者，債権者

問2 継続企業の前提

問3 信頼性

問4 ①目的適合性　②忠実な表現　③比較可能性

第3章

問1 資金

問2 ①公正価値　②資産の現在原価　③履行価値　④歴史的原価　⑤現在の価値

問3 ①上から8番目　②上から6番目　③上から1番目　④上から2番目
　　　⑤上から4番目　⑥上から3番目　⑦上から5番目　⑧上から7番目
　　　⑨上から10番目　⑩上から9番目

第4章

問1 Ⅱ　Ⅲ　Ⅳ　Ⅴ　Ⅶ

問2 非流動

問3 資産5,200　負債800

問4 ④

応用問題

問い 持分変動計算書の表示区分および各項目の残高については，財政状態計算書の
純資産の部の表示区分および各項目の残高と整合する。純損益およびその他の包
括利益計算書の当期純利益をその他利益剰余金またはその内訳科目である繰越利
益剰余金の変動事由として表示する。このように財務諸表の間で連携が図られて
いる。

第5章

問1 a b e f g h

問2 低価法

問3 ②

問4 たな卸資産は，その販売または利用によって実現すると見込まれる額を超えて評価すべきでないから（回収可能性を反映させるように過大な帳簿価額を減額し，将来に損失を繰り延べないため）。

第6章

問1 資金の流出入に影響しない

問2 6,800 （＝8,600＋800－600＋700＋500－3,200）

問3 営業活動：① ② ⑤ ⑥ 投資活動：③ 財務活動：④ ⑦

問4 営業活動区分

応用問題

問い 財務活動によるキャッシュ・フロー

第7章

問1 ①

問2 ③

問3 ① ②

応用問題

問1 その他有価証券の評価差額が純資産の部に直接計上され，課税所得の計算に含まれない場合，当該影響額が貸借対照表に示されない。

問2 有価証券などの資産または負債の評価替えにより直接純資産の部に計上された評価差額は，一時差異ではあるが期間差異ではない点が相違している。

問3 将来の課税所得と相殺可能な繰越欠損金は，その発生年度の翌期以降，繰越期限切れになる年度までに生じた課税所得を減額することができる。このため，課税所得が生じた年度に納付すべき法人税額は繰越欠損金が存在しない場合より軽減されるため。

第8章

問1 ① ③ ④

問2 ②

168

問3 売上が20%増加（将来の経済的便益を生む）し，改築に要する支出も信頼性をもって測定できるため資産として計上すべきである。

問4 その機械装置が事業活動で使用可能になった20X1年10月1日から減価償却を開始する。

問5 (1) (2) ともに
①2,000　②900　③2,900　④450　⑤450　⑥900　⑦2,300　⑧300
⑨2,250　⑩250

応用問題

問1 引当金を計上する方法では，機械の除去に要する金額が貸借対照表に計上されないため，資産除去債務の負債計上が不十分になる。資産除去債務を計上する方法では，資産除去債務に対応する除去費用は機械の簿価に含め，減価償却により機械の使用に伴い費用配分されるため。

問2 国庫補助金は受け取った年度の特別利益とされ，課税対象となり，配当の原資にもなり不都合が生じる。当該金額を固定資産の取得原価から減額することで，減価償却費を減額し，固定資産の使用期間の間，課税や配当を繰り延べるため。

第9章

問1 100

問2 900

問3 1,900

応用問題

問い 製品マスター自体が販売の対象物でなく，それを利用して製品を作成し，法的権利を有している。また適正な原価計算により取得原価を明確にできるため。

第10章

問1 ①支配　②連結　③パワー　④リターン

問2 ②

問3 ①64,000　②17,000

応用問題

問1 未実現利益の消去にかかる繰延税金資産の計上額は，売却先において将来，外部売却等により差異が解消するものと見込まれる会計年度の税率に基づいて計算する。

問2 （1）連単分離（2）①包括利益の表示，②退職給付会計における未認識項目

に関する取扱い，③企業結合会計基準における段階取得の会計処理

問3

連　結	持分法
（1）全面時価評価法を適用	（1）部分時価評価法を適用
（2）段階取得の場合，段階取得にかかる損益として処理する	（2）投資が段階的に行われている場合，投資の差額はのれん（負ののれん）として処理する
（3）取得関連費用を費用処理する	（3）取得関連費用を投資原価に含めて処理する
（4）仕掛中の研究開発費を（識別可能な場合）時価で資産計上する	（4）仕掛中の研究開発費は資産計上しない

第11章

問1　契約，履行義務，価格，配分，充足，充足

問2　130,000,000（5台＋5台＋3台＝13台）

　　委託販売（consignment）の場合，委託者の収益の認識時点は，受託者が第三者に販売した時となります。

　　※IFRSでは，わが国と同じように仕切計算書到達日基準は認められていません。

問3　20X8年1月26日に収益を認識する。

　　この問題は，返品権付きの販売のケースと考えられます。当社が返品に関する負債を信頼性をもって見積ることができる場合，返金負債を控除した金額で販売日に収益を認識します。

応用問題

問1　（1）（借）前払金　　1.5　（貸）現金　　1.5　　（単位：百万CU）
　　　（2）（借）売掛金　　3　　（貸）売上　　2.625　（単位：百万CU）
　　　　　　　　　　　　　　　　　（〃）前払金　0.375

　　考え方　顧客への支払は，当社に移転する別個の財またはサービスとの交換によるものでないため，支払われる対価は，当社がその財の移転について収益を認識するときに取引価格の減額として会計処理します。

問2　委託販売契約，買戻契約など

170

索　引

さ

た

《著者略歴》

池田 健一（いけだ　けんいち）

1999年　神戸大学大学院博士課程修了，博士（経営学）
1999年　福岡大学商学部専任講師，助教授，准教授を経て，
2007年　福岡大学商学部教授

[主な著書]
『1からの会計（第2版）』〔共著〕（碩学舎，2021年）
『テキスト国際会計基準（新訂版）』〔共著〕（白桃書房，2018年）
『仕訳で学ぶ簿記』〔共著〕（税務経理協会，2004年）

2018年4月25日　初　版　発　行
2021年4月25日　初版2刷発行
2022年1月30日　第　2　版　発　行
2023年5月25日　第2版2刷発行
2024年2月20日　第　3　版　発　行　　　　　略称：はじめて国際会計(3)

IFRS対応
はじめて学ぶ国際会計論
（第3版）

著　者　　Ⓒ　池　田　健　一

発行者　　　中　島　豊　彦

発行所　同 文 舘 出 版 株 式 会 社
東京都千代田区神田神保町1-41　〒101-0051
営業 (03) 3294-1801　　編集 (03) 3294-1803
振替 00100-8-42935　https://www.dobunkan.co.jp

Printed in Japan 2024　　　　　　　　　　　製版：一企画
印刷・製本：萩原印刷
装丁：オセロ

ISBN978-4-495-20763-2